U0115939

章太炎評傳上冊

總　序

PREFACE ————————————————————————

　　中華學術，源遠流長。春秋戰國時期，諸子並起，百家爭鳴，呈現了學術思想的高度繁榮。兩漢時代，經學成為正統；魏晉之世，玄學稱盛；隋唐時代，儒釋道三教並尊；到宋代而理學興起；迫及清世，樸學蔚為主流。各個時代的學術各有特色。綜觀周秦以來至於近代，可以說有三次思想活躍的時期。第一次為春秋戰國時期，諸子競勝。第二次為北宋時代，張程關洛之學、荊公新學、蘇氏蜀學，同時並興，理論思維達到新的高度。第三次為近代時期，晚清以來，中國遭受列強的凌侵，出現了空前的民族危機，於是志士仁人、英才俊傑莫不殫精積思，探索救亡之道，各自立說，期於救國，形成中國學術思想史上的第三次眾說競勝的高潮。

　　試觀中國近代的學風，有一顯著的傾向，即融會中西。近代以來，西學東漸，對於中國學人影響漸深。深識之士，莫不資西學以立論。初期或止於淺嘗，漸進乃達于深解。同時這些學者又具有深厚的舊學根柢，有較高的鑒別能力，故能在傳統學術的基礎之上汲取西方的智慧，從而達到較高的成就。

　　試以梁任公（啟超）、章太炎（炳麟）、王靜安（國維）、陳寅恪四家為例，說明中國近代學術融會中西的學風。梁任公先生嘗評論自

己的學術云：「康有為、梁啟超、譚嗣同輩……欲以構成一種不中不西即中即西之新學派……蓋固有之舊思想既根深蒂固，而外來之新思想又來源淺觳，汲而易竭，其支絀滅裂，固宜然矣。」（《清代學術概論》）所謂「不中不西即中即西」正表現了融合中西的傾向，不過梁氏對西學的瞭解不夠深切而已。梁氏自稱「適成為清代思想史之結束人物」，這未免過謙，事實上梁氏是近代中國的一個重要的啟蒙思想家，誠如他自己所說「為《新民叢報》、《新小說》等諸雜誌……二十年來學子之思想頗蒙其影響……其文條理明晰，筆鋒常帶感情，對於讀者別有一種魔力焉」。梁氏雖未能提出自己的學說體系，但其影響是深巨的。他的許多學術史著作今日讀之仍能受益。

　　章太炎先生在《菿漢微言》中自述思想遷變之跡說：「少時治經，謹守樸學……及因系上海，三歲不覿，專修慈氏世親之書……乃達大乘深趣……既出獄，東走日本，盡瘁光復之業，鞅掌餘間，旁覽彼土所譯希臘德意志哲人之書……凡古近政俗之消息、社會都野之情狀，華梵聖哲之義諦、東西學人之所說……操齊物以解紛，明天倪以為量，割制大理，莫不孫順。」這是講他兼明華梵以及西哲之說。有清一代，漢宋之學爭論不休，章氏加以評論云：「世故有疏通知遠、

好為玄談者，亦有言理密察、實事求是者，及夫主靜主敬、皆足澄心……苟外能利物，內以遣憂，亦各從其志爾！漢宋爭執，焉用調人？喻以四民各勤其業，瑕釁何為而不息乎？」這是表示，章氏之學已超越了漢學和宋學了。太炎更自讚云：「自揣平生學術，始則轉俗成真，終乃回真向俗……秦漢以來，依違於彼是之間，侷促於一曲之內，蓋未嘗睹是也。乃若昔人所謂專志精微，反致陸沉；窮研訓詁，遂成無用者，余雖無腆，固足以雪斯恥。」太炎自負甚高，梁任公引此曾加評論云：「其所自述，殆非溢美。」章氏博通華梵及西哲之書，可謂超越前哲，但在哲學上建樹亦不甚高，晚歲又回到樸學的道路上了。

　　王靜安先生早年研習西方哲學美學，深造有得，用西方美學的觀點考察中國文學，獨闢蹊徑，達到空前的成就。中年以後，專治經史，對於殷墟甲骨研究深細，發明瞭「二重證據法」，以出土文物與古代史傳相互參證，達到了精確的論斷，澄清了殷周史的許多問題。靜安雖以遺老自居，但治學方法卻完全是近代的科學方法，因而取得卓越的學術成就，受到學術界的廣泛稱讚。

　　陳寅恪先生博通多國的語言文字，以外文資料與中土舊籍相參

證，多所創獲。陳氏對於思想史更有深切的睿見，他在對於馮友蘭《中國哲學史》的《審查報告》中論儒佛思想云：「佛教學說，能於吾國思想史上發生重大久遠之影響者，皆經國人吸收改造之過程。其忠實輸入不改本來面目者，若玄奘唯識之學，雖震動一時之人心，而卒歸於消沉歇絕……在吾國思想史上……其真能於思想上自成系統，有所創獲者，必須一方面吸收輸入外來之學說，一方面不忘本來民族之地位。」這實在是精闢之論，發人深思。陳氏自稱「平生為不古不今之學，思想囿於咸豐同治之世，議論近乎曾湘鄉張南皮之間」，但是他的學術成就確實達到了時代的高度。

此外，如胡適之在文化問題上傾向於「全盤西化論」，而在整理國故方面作出了多方面的貢獻。馮友蘭先生既對於中國哲學史進行了系統的闡述，又於40年代所著《貞元六書》中提出了自己的融會中西的哲學體系，晚年努力學習馬克思主義，表現了熱愛真理的哲人風度。

胡適之欣賞龔定庵的詩句：「但開風氣不為師。」熊十力先生則以師道自居。熊氏戛戛獨造，自成一家之言，讚揚辯證法，但不肯接受唯物論。馮友蘭早年擬接續程朱之說，晚歲歸依馬克思主義唯物

論。這些大師都表現了各自的特點。這正是學術繁榮，思想活躍的表現。

　　百花洲文藝出版社有鑒於中國近現代國學大師輩出，群星燦爛，構成中國思想史上第三次思想活躍的時代，決定編印《國學大師叢書》，以表現近代中西文明衝撞交融的繁盛景況，以表現一代人有一代人之學術的豐富內容，試圖評述近現代著名學者的生平及其學術貢獻，凡在文史哲任一領域開風氣之先者皆可入選。規模宏大，意義深遠。編輯部同仁建議我寫一篇總序，於是略述中國近現代學術的特點，供讀者參考。

張岱年

1992年元月，序於北京大學

重寫近代諸子春秋

《國學大師叢書》在各方面的關懷和支持下，就要陸續與海內外讀者見面了。

當叢書組編伊始（1990年冬）便有不少朋友一再詢問：為什麼要組編這套叢書？該叢書的學術意義何在？按過去理解，「國學」是一個很窄的概念，你們對它有何新解？「國學大師」又如何劃分？……作為組織編輯者，這些問題無疑是必須回答的。當然，回答可以是不完備的，但應該是明確的。現謹在此聊備一說，以就其事，兼謝諸友。

一、一種闡述：諸子百家三代說

中華學術，博大精深；中華學子，向以自強不息、厚德載物之精神著稱於世。在源遠流長的中國學術文化史上，出現過三個廣開風氣、大師群起的「諸子百家時代」。

第一個諸子百家時代，出現在先秦時期。那時，中華本土文化歷經兩千餘年的演進，已漸趨成熟，老莊、孔孟、楊墨、孫韓……卓然穎出，共同為中華學術奠定了長足發展的基脈。此後的千餘年間，漢儒乖僻、佛入中土、道教蔓生，中華學術於發展中漸顯雜陳。宋明時

期，程朱、陸王……排漢儒之乖、融佛道之粹、倡先秦之脈、興義理心性之學，於是，諸子百家時代再現。降及近代，西學東漸，中華學術周遭衝擊，文化基脈遇空前挑戰。然於險象環生之際，又一批中華學子，本其良知、素養，關注文化、世運，而攘臂前行，以其生命踐信。正所謂「鐵肩擔道義，妙手著文章」，康有為、章太炎、嚴復、梁啟超、王國維、胡適、魯迅、黃侃、陳寅恪、錢穆、馮友蘭……他們振民族之睿智，汲異域之精華，在文、史、哲領域篳路藍縷，於會通和合中廣立範式，重開新風而成績斐然。第三個諸子百家時代遂傲然世出！

　　《國學大師叢書》組編者基於此，意在整體地重現「第三個諸子百家時代」之盛況，為「第三代」中華學子作人傳、立學案。叢書所選對象，皆為海內外公認的學術大師，他們對經、史、子、集博學宏通，但治學之法已有創新；他們的西學造詣令人仰止，但立術之本在我中華從而廣開現代風氣之先。他們各具鮮明的學術個性、獨具魅力的人品文章，皆為不同學科的宗師（既為「經」師，又為人師），但無疑地，他們的思想認識和學術理論又具有其時代的共性。以往有過一些對他們進行個案或專題研究的書籍面世，但從沒有對他們及其業

績進行過集中的、整體的研究和整理，尤其未把他們作為一代學術宗師的群體（作為一個「大師群」）進行研究和整理。這批學術大師多已作古，其學術時代也成過去，但他們的成就惠及當今而遠未過時。甚至，他們的一些學術思想，我們至今仍未達其深度，某些理論我們竟會覺得陌生。正如第一代、第二代「諸子百家」一樣，他們已是中華學術文化傳統的一部分，研究他們，也就是研究中國文化本身。

對於「第三代諸子百家」及其學術成就的研究整理，我們恐怕還不能說已經充分展開。《國學大師叢書》的組織編輯，是一種嘗試。

二、一種觀念：一代人有一代人之學術

縱觀歷史，悉察中外，大凡學術的進步不能離開本土文化基脈。但每一代後起學子所面臨的問題殊異，他們勢必要或假古人以立言、或賦新思於舊事，以便建構出無愧於自己時代的學術。這正是「自強不息、厚德載物」之精神在每一代學子身上的最好體現。以上「三代」百家諸子，莫不如是。《國學大師叢書》所沿用之「國學」概念，亦當「賦新思於舊事」而涵注現時代之新義。

明末清初，王（夫之）、顧（炎武）、黃（宗羲）、顏（元）四傑

繼起，矯道統，斥宋儒，首倡「回到漢代」，以表其「實學實行實用之天下」的樸實學風，有清一代，學界遂始認「漢學」為地道之國學。以今言之，此僅限「國學」於方法論，即將「國學」一詞限於文字釋義（以訓詁、考據釋古文獻之義）之範疇。

《國學大師叢書》的組編者以為，所謂國學就其內容而言，系指近代中學與西學接觸後之中國學術，此其一；其次，既是中國學術便只限於中國學子所為；再次，既是中國學子所為之中國學術，其方式方法就不僅僅限於文字（考據）釋義，義理（哲學）釋義便也是題中應有之義。綜合起來，今之所謂國學，起碼應拓寬為：近代中國學子用考據和義理之法研究中國古代文獻之學術。這些文獻，按清代《四庫全書總目》的劃分，為經、史、子、集四部。經部為經學（即「六經」，實只五經）及文字訓詁學；史部為史志及地理志；子部為諸子及兵、醫、農、曆算、技藝、小說以及佛、道典籍；集部為詩、文。由此視之，所謂「國學家」當是通才。而經史子集會通和合、造詣精深者，則可稱為大師，即「國學大師」。

但是，以上所述仍嫌遺漏太多，而且與近現代學術文化史實不相吻合。國學，既是「與西學接觸後的中國學術」，那麼，這國學在內

涵上就不可能，也不必限於純之又純的中國本土文化範圍。尤其在學術思想、學術理論的建構方式上，第三代百家諸子中那些學貫中西的大師們，事實上都借用了西學，特別是邏輯分析和推理，以及與考據學有異曲同工之妙的實證方法，還有實驗方法、歷史方法，乃至考古手段……而這些學術鉅子和合中西之目的，又多半是「賦新思於舊事」，旨在建構新的學術思想體系，創立新的學術範式。正是他們，完成了中國學術從傳統到現代的轉型。我們今天使用語言的方式、思考問題的方式……乃得之於斯！如果在我們的「國學觀念」中，將他們及其學術業績排除在外，那將是不可理喻的。

　　至此，《國學大師叢書》之「國學」概念，實指：近代以降中國學術的總稱。「國學大師」乃「近現代中國有學問的大宗師」之意。因之，以訓詁考據為特徵的「漢學」，固為國學，以探究義理心性為特徵的「宋學」及兼擅漢宋者，亦為國學（前者如康有為、章太炎、劉師培、黃侃，後者如陳寅恪、馬一浮、柳詒徵）；而以中學（包括經史子集）為依傍、以西學為鏡鑑，旨在會通和合建構新的學術思想體系者（如梁啟超、王國維、胡適、熊十力、馮友蘭、錢穆等），當為更具時代特色之國學。我們生活在90年代，當取「一代人有一代人

之學術」（國學）的觀念。

《國學大師叢書》由是得之，故其「作人傳、立學案」之對象的選擇標準便相對寬泛。凡所學宏通中西而立術之本在我中華，並在文、史、哲任一領域開現代風氣之先以及首創新型範式者皆在入選之列。所幸，此舉已得到越來越多的當今學界老前輩的同情和支援。

三、一個命題：歷史不會跨過我們這一代

中西文明大潮的衝撞與交融，在今天仍是巨大的歷史課題。如今，我們這一代學人業已開始自己的學術歷程，經過80年代的改革開放和規模空前的學術文化積累（其表徵為：各式樣的叢書大量問世，以及紛至沓來名目繁多的學術熱點的出現），應當說，我們這代學人無論就學術視野，抑或就學術環境而言，都是前輩學子所無法企及的。但平心而論，我們的學術功底尚遠不足以承擔時代所賦予的重任。我們仍往往陷於眼花繚亂的被動選擇和迫不及待的學術功利之中難以自拔，而對自己真正的學術道路則缺乏明確的認識和了悟。我們至今尚未創建出無愧於時代的學術成就。基於此，《國學大師叢書》的組編者以為，我們有必要先「回到近現代」─回到首先親歷中西文

化急劇衝撞而又作出了創造性反應的第三代百家諸子那裡去！

　　經過一段時間的困惑與浮躁，我們也該著實潛下心來，去重新瞭解和領悟這一代宗師的學術生涯、為學風範和人生及心靈歷程（大師們以其獨特的理智靈感對自身際遇作出反應的閱歷），全面評價和把握他們的學術成就及其傳承脈絡。唯其貫通近代諸子，我們這代學人方能於曙色熹微之中，認清中華學術的發展道路，了悟世界文化的大趨勢，從而真正找到自己的學術位置。我們應當深信，歷史是不會跨過我們這一代的，90年代的學人必定會有自己的學術建樹。

　　我們將在溫情與敬意中汲取，從和合與揚棄中把握，於沉潛與深思中奮起，去創建有中國特色的社會主義新文化。這便是組織編輯《國學大師叢書》的出版宗旨。當我們這代學人站在前輩學術鉅子們肩上的時候，便可望伸開雙臂去擁抱那即將到來的中華學術新時代！

錢宏（執筆）

1991年春初稿

1992年春修定

自 序

　　章太炎是20世紀中國思想史、學術史上屈指可數的巨人之一；他的獨特的學術貢獻可當之無愧地稱作「章學」，是20世紀中國國學的一塊瑰寶。

　　章太炎的思想、學術能夠獨樹一幟，首先是因為他勇於直面20世紀中國所面臨的各種時代課題，並使自己深深根植於中國土壤之中，努力用自己的思想、學術來解決這些時代課題。他本人在《菿漢微言》一書中說過：「自揣平生學術，始則轉俗成真，終乃回真向俗。」俗，這裡指塵俗世界；真，這裡指他的思想、學術研究成果。轉俗成真，說明他正是從激烈的社會動盪、狂怒的革命風暴、跌宕起伏的生活實踐中吸取了營養，獲得了動力，廣泛接觸了政治、經濟、教育、科學、文化等等生活實踐所提出的各類問題，經由自己探索、思考、鑽研，取得精神生產的成果。而回真向俗，說明他的精神生產，歸根結蒂，是為了更為自覺地從長時間、大空間的戰略高度確定如何實際地解決生活本身所提出的種種問題。章學也好，20世紀全部中國國學也好，強大的生命力正源於此。

　　然而，精神生產本身，終究是在思想、學術領域內借助各種先行的思想、學術資料，由思想家、學者自己獨立進行的。他們具有什麼

樣的價值追求，什麼樣的知識結構，什麼樣的思維方式，以什麼樣的
精神狀態和治學方法去從事研究，常常起著決定性的作用。沒有這樣
主觀的努力，他們就不可能使自己的思想與學術體現出時代精神，成
為時代的鏡子，為推動社會的發展提供真知灼見。章太炎能夠站在社
會巨變的前列，卓爾成為大家，一個極為重要的原因，就是他不僅在
中國舊學方面有深厚的根柢，在新學方面有獨到的體會，而且立足於
社會實踐，不斷探索、思考、創新。正如他自己《菿漢微言》所說，
「凡古近政俗之消息，社會都野之情狀，華梵聖哲之義諦，東西學人
之所說」，在他那裡都有自己確定的位置，並經由他的消化、吸收而
互相滲透、互相貫通，融為新的一體。和同時代其他思想家、學者相
比，章太炎在中國傳統經學方面受益最大的是漢學或清代樸學而非宋
明理學，在諸子學方面受益最大的是莊子、荀子、韓非，而非孔、
孟、董、韓；在西學方面，章太炎不僅像其他人那樣關注西方社會政
治學說與西方各國歷史，而且特別屬意於希臘、德意志哲人名著；使
章太炎孑然屹立的，還因熟知佛學及印度奧義書、吠檀多、勝論、數
論等各種古哲學流派。沒有這一切，章太炎便不可能在其他思想家、
學者所難以比擬的那樣廣闊、眾多的領域內作出如此突出的開創性、

奠基性的貢獻，對推動我們這個偉大而古老的民族適應於世界歷史發展的總趨勢，建立起近代民族國家、民族經濟、民族文化方面作出自己獨特的貢獻。

　　從19世紀中葉開始，中國就進入了一個從古代文明向現代文明過渡的時代。這一過渡，是在西方衝擊之下驟然開始的，思想上準備不足，社會實踐力量上準備更不足，這一時代的代表人物幾乎毫無例外地都不能免除中西兩種不同文明、古代和現代兩種不同文明在他們內心深處的衝突。他們不可能一下子成熟。他們一輩子都在頑強地追求，企盼著尋找到中國所應走的適合於自身實際情況的道路。解決這一歷史性的課題，花費了好幾代人艱辛的努力。這種歷史的過渡性，在章太炎身上也非常清楚地表現出來。他在思想上、學術上的這種內在矛盾徨遽狀態，使他在20世紀中國思想界、學術界的影響，也突出地表現為兩個不同的方向：五四新文化運動的巨匠們，魯迅、周作人、錢玄同等出於他的門下，陳獨秀、胡適、吳虞等都受到他深刻的影響；同時，站在新文化運動對立面的一批文化保守主義者，如當時《學衡》派的主將們，或者出自他的門下，或者與他交往密切。然而，這種雙重性恰是章太炎時代價值之所在。

正是基於這樣一些認識，這部評傳在充分肯定章太炎在革命史上的業績的前提下，將更多的注意力投放在他的學術歷程、學術成就上。章氏學的初創，章氏學的成熟即本書中的章學新階、「齊物」哲學、民初論政三章，以及晚年的章氏學，成為貫穿全書的主幹，原因亦即在此。

　　期待著讀者的批評。

英文提要

This book is more than a biography of Zhang Taiyan (Chang T'ai-yen). It is rather a commentary of Zhang Taiyan's scholastic activities. It tries to locate his position in modern Chinese scholarship through the discussion of his scholastic life and achievements.

The book is divided into eight chapters.

Chapter I discusses Zhang's experiences in his youth. It attempts to reveal how he accepted the rigid scholarly training of the Ch'ing period and how he became a rising young scholar under the infl uence of several great scholars.

Chapter II recounts how Zhang was infl uenced by the 'new knowledge' (namely modern western natural sciences and social sciences) around the period of the Sino-Japanese War of 1894—1895, and how he formed his new thoughts through the course of the Reform Movement.

Chapter III is concerned with Zhang's career from 1900 to 1906. The composition and revision of qiushu (book of urgency) marks the beginning of his doctrine. During this period he joined the anti-Ch'ing movement and was constantly pursued for his speeches and for his propagation on newspapers. In the three years of his imprisonment he studied Buddhist classics which brought his thought to new arenas.

Chapter IV studies Zhang's thinking and activities on nationalist revolution, democracy and revolutionary strategies during the period when he was the chief editor of the min-po (the people), the newspaper of the T'ung-meng hui, and after it was banned by the Ch'ing government.

Chapter V recounts Zhang's scholastic activities when in exile in Japan (1906—1911). In this period he made contributions in all the academic areas which he touched upon, including Confucianism, Chinese history, linguistics, philology, literature and ethics. It is also the period when his doctrines grew into its maturity and became systematic.

Chapter VI is concerned with the formation of Zhang's philosophical thought in the pre-Revolutionary period and during the Revolution of 1911. Infl uenced by Kant, Buddhism and Taoism, Zhang attempted to fi nd solutions to the problems faced by China and the world from the philosophical perspective.

Chapter VII discusses Zhang's political activities in the early Republic and his thinking after all the victories and failures. In some respects his doctrines were strengthened, but their weakness also began to appear in the complicated social and political activities.

Chapter VIII relates the career of Zhang's late years when he joined the Nationalist Movement and the Constitutional War. He also propagated for a federal government and provincial autonomy and thus put himself in the camp of anti-revolutionaries. However, when the Japanese invaded and China faced another national crisis, once more he stood to call for its salvation.

Zhang Taiyan's achievements and scholastic contributions demonstrate that he is one of the few giants in the history of Chinese thought and scholarship of the twentieth century, and a study of his life and thought is important for understanding modern Chinese thought and scholarship.

目　錄

C O N T E N T S

第一章

舊學根柢

1.1 漢學啟蒙

1869年1月12日，章太炎生於浙江余杭東鄉離城約十裡的倉前鎮。初名學乘，後改名炳麟，字梅叔、枚叔，太炎是他的別號。[1]章太炎的曾祖父叫章均，字安溥，號治齋，生於1769年，死於1832年，慘澹經營數十年，房產、田地、牲畜，累計起來，貲產至百萬。1828年捐出3萬緡鉅款，在余杭東門橋北首白塔寺前創建苕南書院，還捐田千畝，建立章氏義莊，開辦義塾，以供合族子弟入學課書。

章太炎的祖父章鑒，字曉湖，生於1802年，死於1863年，弟兄六人，數他最小。章鑒因妻子生病為庸醫誤診喪命，發憤攻讀醫書，時時為貧者治療。1860年，太平軍佔領余杭，他一度被指定擔任太平天國的鄉官。

章太炎的父親叫章濬，字輪香，一作楞香，生於1825年。1863年，左宗棠率領清軍入浙攻打太平軍時，他專程趕去獻地圖，並陳善後策。1867年，被薦入杭州府知府譚鐘麟幕府。1869年章太炎出生後不久，譚鐘麟擢授河南按察使，章濬辭職返歸余杭，擔任縣學訓導。

章太炎出身於漢學世家。曾祖父章均是縣學增廣生，做過海鹽訓導。祖父章鑒是縣學附貢生，曾被選貢為國子監生，年輕時，曾拜著名曆算學家項名達為師，學習三角與幾何，「有奇羨輒以購書，蓄

1 　曾用別名、別號尚有章燐、章緇、章絳、膏蘭室主人、劉子政私淑弟子、劉子駿之紹述者、西狩、日本西狩祝予、臺灣旅客、窮荒孤客、亡是公、支獵胡、牛馬走、夜叉、蓟漢閣主、章氏學、支那夫、支拉夫、陸沉居士、獨立生、絳叔、末底、戴角、獨角、毛一等。

宋、元、明舊刊本至五千卷」[2]。這些珍本後來都毀於兵燹，但留下的藏書目錄，仍可使章太炎想見當年盛況。章濬是縣學廩生，曾在杭州詁經精舍擔任多年監院。現存《詁經精舍課藝文三集》己巳年上下兩卷和《詁經精舍課藝文四集》十六卷，分別刊刻於1869年和1879年，校刊者就是章濬和相當有名的漢學家孟沅、高學治等人。晚年，他在家中仍經常「檢點《山經》讀異書，閑披《爾雅》釋蟲魚」[3]。

章太炎的外祖父叫朱有虔，一字左卿，浙江海鹽人。朱有虔家學淵源更深，祖父朱蘭馨是乾隆辛丑進士，官至吏部稽勳司員外郎，著有《松喬詩抄》；父親朱錦琮，先在國史館為謄錄，後來歷任安徽、江西、山東等地知縣、知府，潛心漢學，著有《治經堂詩文集》四十卷、《信疑隨筆》十二卷和《治經堂外集》等。朱有虔本人是庠生，撰有《雙桂軒集》二十卷和《讀書隨筆》若干卷。1876年，朱有虔來到余杭，對章太炎進行啟蒙教育。章太炎後來回憶說：「外王父海鹽朱左卿先生諱有虔來課讀經。時雖童稚，而授音必審，粗為講解。課讀四年，稍知經訓。」[4]使章太炎自幼便在文字音韻方面接受嚴格的訓練。

章太炎12歲的時候，外祖父返回海鹽，由父親和大哥章炳森課讀。

章濬起初曾希望章太炎進學中舉，指定他讀《四書》，學律詩，

2　章太炎：《先曾祖訓導君、先祖國子君、先考知縣君事略》，《太炎文錄續編》卷四。
3　章濬：《春風草廬剩稿·食鮒魚》，見潘衍桐《兩浙輶軒續錄補遺》卷六。
4　章太炎：《太炎先生自定年譜》光緒二年。

作八股文。1883年，章太炎奉父命參加縣試，癲癇症突然發作，沒有考成。章太炎因此在其後得以專心致志於學業。

章炳森又名章籛，比章太炎年長16歲。章太炎出生時，他已是縣學生員；章太炎由父親親自課讀時，他已是縣學訓導；1888年，他又浙江鄉試中試。他是對章太炎進行漢學啟蒙教育的又一位嚴師。章太炎回憶說：「時聞說經門徑于伯兄籛，乃求顧氏《音學五書》、王氏《經義述聞》、郝氏《爾雅義疏》讀之，即有悟。自是一意治經，文必法古。」⁵許慎的《說文解字》、段玉裁的《說文解字注》、顧炎武的《音學五書》、郝懿行的《爾雅義疏》，是文字音韻學方面的一批權威性著作，通過精研這批名著，章太炎對我國古文字和古音韻有了較為系統的瞭解。接著，他仔細研讀王引之的《經義述聞》。在《經義述聞》中，王引之利用古文字學方面的新成就，廣泛援引各種古代文獻，對儒家經典中許多經文作出了超越前人的較為準確的解釋。從這部著作中，章太炎窺見了步入漢學堂奧的階梯，「畢讀《經義述聞》，始知運用《爾雅》、《說文》以說經」⁶。

為了全面瞭解清代漢學的成就，章太炎從1886年開始，用整整兩年時間，通讀了道光年間刊刻的《學海堂經解》。這部叢書，匯輯了從清初到嘉慶年間治經著作凡七十四家一百八十八種，共一千四百零八卷。在這之後，章太炎又通讀了光緒年間刊刻的《南菁書院經解》，這是前一部叢書的續編，收錄著作凡一百一十家二百零九種，共一千四百三十卷。這一番紮實的基本功，使章太炎治學有了較高的

5　　《太炎先生自定年譜》光緒十一年。
6　　諸祖耿：《記本師章公自述治學之功夫及志向》，《制言》第二十五期。

起點。

1.2　精舍深造

1890年，章濬去世。章太炎離家進了著名的詁經精舍。詁經精舍嘉慶年間由浙江巡撫阮元創建，太平天國期間毀於戰火。1866年，浙江布政使蔣益澧撥款重建，由著名的經學大師俞樾主持。俞樾在《重建詁經精舍記》中申明，修復精舍，是為了使「肄業於是者，講求古言古制，由訓詁而名物，而義理，以通聖人之遺經」[7]。精舍中的學員，由其他書院選送；一般書院教學是為了讓青年學子科舉應試，而精舍則專意於造就青年漢學家。精舍中立有許鄭祠，專為許慎、鄭玄立祠，顯示了精舍宗旨之所在。精舍日課分句讀、抄錄、評校、著述四類。句讀、抄錄的內容由教師指定，評校、著述的內容，學生可以自己選擇。每月朔望兩次考查，通常朔日考詞章，望日考經史。俞樾本人治學一意規摹王念孫和王引之，「其大要在正句讀，審字義，通古文假借。由經以及諸子，皆循此法」[8]。

章太炎在詁經精舍整整7年。在這期間，給了他最大影響的便是俞樾。俞樾，字蔭甫，號曲園，浙江德清人，先後做過翰林院庶起士、翰林院編修、河南學政。他擔任詁經精舍院長、主持精舍長達31年。俞樾學術成就以研治群經與諸子最為突出。章太炎師從俞樾，所受影響也主要在這兩個方面。

7　　俞樾：《春在堂雜文》卷一。
8　　繆荃孫：《俞先生行狀》，《續碑傳集》卷七五。

俞樾治經，刻意追蹤《經義述聞》而作的《群經平議》以及其他一些說經著作，既遵循乾嘉學者重在研究聲音文字的舊則，又吸取道光、咸豐學者尋求微言大義的長處。章太炎在精舍中正規的課程，就是學習如何準確地訓釋諸經疑難字句名物，進而闡明經文本義。1895年刊刻的《詁經精舍課藝文七集》和1897年刊刻的《詁經精舍課藝文八集》，共編選章太炎課藝文三十八篇，其中考證《周禮》、《儀禮》、《禮記》的有十八篇，考證《春秋左氏傳》、《春秋公羊傳》、《春秋穀梁傳》的有十篇，考證《詩經》的有三篇，考證《尚書》、《爾雅》的各二篇，考證《易經》、《論語》、《孟子》的各一篇。章太炎入選課藝文數量超過其他所有學子，在研治「三禮」、「三傳」方面成績最突出。

　　俞樾諸子學研究最引人注目的成果是《諸子平議》。他所從事的諸子研究，重點在於通過字句疏解，讓人們能夠閱讀這類古代典籍，進而印證儒家經義。但注意諸子著作，並推動人們去研治諸子著作，給章太炎很深影響。在詁經精舍中，章太炎自選的評校與著述課程，主要就是圍繞周、秦、兩漢諸子著作。今存章太炎的第一部學術專著《膏蘭室劄記》，便集中了他這一時期在這一方面的研究成果。

　　在詁經精舍期間，章太炎還誠懇地向譚獻、黃以周、高學治等著名學者問學。譚獻，字仲修，浙江仁和人，同治舉人，先後做過安徽全椒、懷寧、合肥、宿松等縣的縣令，1890年初，應湖廣總督張之洞禮聘，主持武昌經心書院，每逢冬夏仍返回杭州。譚獻治經傾向於今文經學，文學尤為見長。章太炎頻頻登門求教，並將自己的著述呈請披閱審定。「譚氏論文章，以有用為體，有餘為詣，有我為歸。」譚

氏文章具有魏晉風格，「於綺麗豐縟之中，存簡質清剛之制，取華落實，弗落唐以後窠臼」[9]。章太炎撰文，原先專門模擬秦漢文風，在譚獻的影響下，轉而宗法魏晉。黃以周，字元同，浙江定海人，曾主持江陰南菁書院15年，晚年寓居杭州。他主張治學應於世事有所裨益，而最有裨益的，則是禮學，即典章制度的研究。他說：「文章非禮則淫哇，政事非禮則雜霸，義理非禮則虛無。禮學廢，故國亂而民蕩。」因此，他以畢生之力，撰成《禮書通故》百卷。章太炎稱讚這部著作「蓋與杜氏《通典》比靈斯，其核覈異義過之。諸先儒不決之義，盡明之矣」[10]。章太炎重視「三禮」，注意《通典》，「求《通典》讀之，後循七、八過」[11]，和黃以周的薰染是分不開的。高學治，字宰平，是浙江仁和人，年過七十，仍舊堅持每日讀書，從不間斷。他告誡章太炎，治學必須嚴謹，尤其應當注意操行。他對章太炎說：「夫處淩夷之世，刻意典籍，而操行不衰，常為法式，斯所謂易直弸中君子也。小子志之！」[12]作為一個卓越的學者，除去才、學、識之外，更須行義卓絕，操行不衰。這番教誨，使章太炎深刻體會到治學與做人兩者當如何統一。

　　在這一良好的環境中，章太炎在學業上很快嶄露頭角。

9　　錢基博：《複堂日記補錄序》，見譚獻：《念劬廬叢刊‧複堂日記補錄》。
10　黃以周語及章太炎讚語均見章太炎：《黃先生傳》，《太炎文錄初編》卷二。
11　《太炎先生自定年譜》光緒十六年。
12　章太炎：《高先生傳》，《太炎文錄初編》卷二。

1.3　鋒芒初試

在詁經精舍中，章太炎從良師益友那裡得到許多幫助，但他的成長，主要還是依靠個人刻苦自學。他說過：「學問只在自修，事事要先生講，講不了許多。予小時多病，因棄八股，治小學，後乃涉獵經、史，大概自求者為多。」[13]

開初數年，章太炎研治經學與諸子學，基本上還是步武他的前輩。正如他自己所承認的：「余始治經，獨求通訓詁、知典禮而已。及從俞先生游，轉益精審，然終未窺大體。」[14]然而，在隨後幾年中，由於他堅持自修，敢於獨立思考，已逐漸在學術上顯示出自己的特色。

《膏蘭室箚記》是章太炎考析諸子著作的一部學術專著。該書原稿以密密麻麻的蠅頭小楷寫成，原稿分裝四冊，一冊在抗戰中遺佚，今存三冊。現存三冊稿本，題名均作《箚記》，一冊右方另書「時辛卯仲春梅叔署于膏蘭室」，一冊右方另書「時壬辰夏至梅叔署于膏蘭室」，另一冊右方未署明年月，但第二冊《五藏所屬同異》條下作者曾注明：「以下癸巳十月下旬記。」是知此冊當撰於癸巳十月以後。膏蘭室，是章太炎為自己在詁經精舍中讀書著述的一方斗室起的名字；《箚記》上自署的年月當是開始著述的時間。據此，當知是稿系1891年至1893年間所著，很可能還一直延續到1894年。

《箚記》是一部考釋駁論的著作，現存三冊，共有四百九十四

13　《章太炎先生答問》，《太炎先生最近文錄》附錄。
14　《太炎先生自定年譜》光緒二十二年。

條，其中有二十條，因前人已有成說，或意尚未竟，由作者自行刪去。現存四百七十四條，詮釋考辨《詩》、《書》、《禮》、《易》、《春秋》者，僅八十餘條；考釋諸子著作者，有三百五十餘條。就中以考釋《管子》者最多，共一百一十五條；考釋《墨子》者次之，共四十一條；其餘如《呂覽》二十八條，《淮南子》二十八條，《韓非子》二十六條，《列子》十五條，《晏子春秋》十二條，《莊子》九條，《荀子》八條。此外還有《商君書》、《屍子》、《新序》、《論衡》、《法言》、《申鑒》、《文子》等。其餘各條考釋史書、韻書與緯書。綜觀這些條目，可見《箚記》是一部《讀書雜誌》、《諸子平議》類型的著作。

撰寫《膏蘭室箚記》時，章太炎不過二十剛出頭。這部著作取材之廣，考證之精，充分顯示了這位元年輕學子對周、秦、兩漢典籍是多麼嫻熟，治學又是多麼謹嚴而又勇於探究、善於深思。對於儒者所不屑道的《管子》、《墨子》、《淮南子》、《呂氏春秋》等用力尤勤，更顯示了章太炎思想學術發展的一個重要動向，即通過諸子學的研究，突破儒家傳統的封圍。然而，就《箚記》自身的學術價值而言，章太炎後來有一段自我評價。他在《再與人論國學書》中寫道：「行篋中亦有《箚記》數冊。往者少年氣盛，立說好異前人，由今觀之，多穿鑿失本意，大氐十得其五耳。」[15]是符合事實的。

章太炎這段時間研究成果，最集中地表現在他所撰著的《春秋左傳讀》一書中。

15　章太炎：《再與人論國學書》，《國粹學報》丁未年第十二號。

《左傳》，長期以來與《公羊傳》、《穀梁傳》並稱，作為釋解《春秋》的三部主要著作，一起被列為儒家經典。它長於敘事，內容遠比《公羊》、《穀梁》豐富而詳實。作為一家之學，它勃興於西漢之末，其後，流傳日廣，先後產生了賈逵的《左氏傳解詁》、服虔的《春秋左氏傳解義》、杜預的《春秋左氏經傳集解》和《春秋釋例》這樣一批詮釋《左傳》的代表性著作。魏、晉以降，《左傳》逐漸淩駕於《公》、《穀》二傳之上。唐代天寶以後，啖助、趙匡、陸淳等人認為《左傳》敘事雖詳，解經卻多背離儒家正統觀念，應當與《公》、《穀》二傳一道廢置不用。他們分別撰著《春秋集傳》、《集注春秋》等書，依據己意，直解《春秋》，自稱最得孔學本義。在他們影響下，風氣大變。「《春秋》三傳束高閣，獨抱遺經究終始。」宋明以來，最為流行的是孫複的《春秋尊王發微》、孫覺的《春秋經解》、胡安國的《春秋傳》等書，《左氏》等三傳絕少有人問津。清代漢學勃興以後，三傳之學逐步恢復。可是，相比之下，最盛的卻是《公羊傳》的研究，先後產生了孔廣森的《公羊通義》、莊存與的《春秋正辭》、劉逢祿的《公羊何氏釋例》、陳立的《公羊義疏》等一批具有總結性或開拓性的著作。而《左傳》研究只有一些零星的著述，限於對杜預舊注、孔穎達舊疏作某些補遺糾正，無關大體。嘉慶、道光間，劉文淇及其子毓崧、其孫壽曾，曾以三世之力，撰寫《左傳舊注疏證》，這是綜合前人研究成果而又具有自己獨創見解的一部總結性作品，但直至壽曾亡故，書稿仍未完成，亦未刊佈。因此，翻開《皇清經解》及《續皇清經解》，竟沒有一部研究《左傳》的真正有分量的著作。章太炎積極展開對《左傳》的研究，正是立志填補這一空缺。

當章太炎對《左傳》研究產生濃厚的興趣時，《左傳》正在成為勃興起來的經今古文學爭論的一個焦點。

漢代經學，已有互相對立的經今文學和經古文學兩大派別。經今文學，以信奉用「今文」即漢代通行的隸書書寫的各種儒家經典而得名，其中地位最高、影響最大的經典就是《春秋公羊傳》，最著名的經學大師就是董仲舒、何休。經古文學，以信奉用「古文」即戰國篆文和秦小篆所書寫的儒家經典而得名，其中地位最高、影響最大的經典是《春秋左氏傳》，最著名的經學大師是劉歆。公羊學講究「微言大義」，它與信仰五行讖緯的宗教神學結合緊密，崇奉「大一統」觀念和君權至高無上的「王道論」，適應了兩漢王朝政治統治的需要，因而居於優勢地位。左氏學與公羊學異趣，它重人輕天，傾向於崇尚實力、講究事功的「霸道論」，經常熱烈表彰使諸侯國得以強盛的卿士，譴責使國家衰敗的君王，將「大國制義為盟主」和「小國受命大國」看作天經地義的真理，這些觀念，體現了春秋時代群雄爭霸的政治需要。東漢末年後，六朝迭相更替，這種政治形勢使得左氏學比極力維護中央集權和君主地位至高無上的公羊學更受歡迎。左氏學一度對公羊學有取而代之之勢，其社會原由即在於此。唐宋以後，中央集權的君主專制主義政治日漸強化，左氏學便日趨冷落。啖助、趙匡、陸淳和孫複、孫覺、胡安國等，儘管對三傳都不滿意，但所撻伐的主要還是《左傳》。對《公羊傳》，他們始終襃過於貶，取過於捨，這是因為《公羊傳》比之《左傳》畢竟更適合君權至上的封建專制主義統治政治需要。

清代漢學初起時，並未出現往昔經今文學或經古文學的壁壘。乾

嘉間漢學家們分成吳、皖兩大派，兩派人物在研治經學時，一般都經今古文兼治。吳派主張以漢代經師之說與儒家經典並行，他們的基本信條就是不分今古，唯漢是信。惠棟是吳派開創者，以治《易》見長，他所撰著的《易漢學》，對經今文學與經古文學便是兼收並蓄。他的父親惠士奇研究《春秋》，撰有《春秋說》，對《左氏》、《公羊》和《穀梁》三傳也是一視同仁，認為三者互有得失，不可偏廢。皖派反對唯漢是從，堅持對漢代舊說也必須加以分析，決定取捨。他們的信條是「綜形名，任裁斷」，「上溯古義，而斷以己之律令」[16]。因之，經今古文學之間傳統的門戶之見，對於這派學者並無明顯影響。今文或古文諸經，俱是他們研治疏解的對象。

今文經學作為一個獨立的學術派別而復興，濫觴於乾嘉間繼吳、皖兩學派之後而創立的常州學派。莊存與、劉逢祿、宋翔鳳，便是這一學派的代表人物。他們宣稱，自己治學「不專為漢、宋箋注之學，而獨得先聖微言大義於語言文字之外」[17]。他們所獨得的微言大義，其實不過是將春秋公羊學、程朱理學及桐城義法捏合到一起，以「全至尊而立人紀」[18]罷了。道、咸以後，經今文學吸引了越來越多的達官貴人和草野志士。章太炎的老師俞樾，早年曾向宋翔鳳問學，治經便以頗右《公羊》著稱。章太炎的另一老師譚獻，所服膺的正是董仲舒與莊存與這兩位今文經學的鉅子。

為了樹立《春秋公羊傳》的獨尊地位，將公羊家的微言大義說成

16　章太炎：《清儒》、《訄書》修訂本。
17　阮元：《莊方耕宗伯經說序》，《味經齋遺書》書首。
18　莊存與：《天子辭》，《春秋正辭》卷二。

孔學獨家真傳，劉逢祿在《左氏春秋考證》、《左氏春秋後證》等書中說，《左氏春秋》本是一部與《晏子春秋》、《呂氏春秋》相類似的著作，經劉歆「增設條例，推衍事蹟，強以為傳《春秋》，冀以奪《公羊》博士之師法」，方才被列為儒家經典。[19]近代宣導今文經學的廖平與康有為都信服這一說法。廖平於1886年撰《古今學考》，1888年撰《知聖》、《辟劉》，康有為1891年刊佈《新學偽經考》，都比劉逢祿更進一步，直攻《左傳》為劉歆編造的一部偽書。

這些說法是否有足夠的根據？章太炎對《左傳》開始了認真刻苦的研究，傾五六年之力，撰寫了長達50多萬字的《春秋左傳讀》。全書分作九卷，共有雜記九百條；另有《左傳讀續編》，今存手稿二十三紙，雜記二十一條。這九百多條雜記，大致包含以下三個方面的內容：

一、詮釋《左傳》中的古言古字、典章名物。章太炎運用古文字學和古文獻學知識，將《左傳》與其他大量周秦典籍聯繫起來進行深入比較研究與綜合考察，取得了可觀的成就。

二、疏證《左傳》體例、敘事所蘊含的本義。他說：「夫《左氏》古義最微，非極引周、秦、西漢先師之說，則其術不崇；非極為論難辨析，則其義不明。故以淺露分別之詞，申深迂優雅之旨。」[20]史稱曾申、吳起、吳期、鐸椒、虞卿、荀況、張蒼、賈誼、賈嘉、貫公、貫公卿、張敞、張禹、尹更始、翟方進、劉向、劉歆等人傳授過《左

19　劉逢祿：《左氏春秋考證、後證、箴膏肓評合序》，見於該書書首。
20　章太炎：《春秋左傳讀敘錄・序》，《章太炎全集》第二卷，第808頁。

傳》，他們的奏疏、論著，常常指明或未指明地引證《左傳》，申述《左傳》所提出的論點。章太炎精心鉤求，仔細辨析，多所創獲。

三、詳盡地列舉周、秦、兩漢文獻中襲用、引用或採用《左傳》的情況，辨明《左傳》並非劉歆偽造，《左傳》傳授系統亦非向壁虛構。批評了強稱《荀子》、《韓非子》、《呂氏春秋》、《新書》、《史記》等等引述《左傳》俱是劉歆竄入這一純主觀的研究方法，強調在《左傳》研究中必須堅持實事求是的嚴謹學風。

《左傳讀》表現了明顯的經古文學的傾向，但是，書中對春秋公羊學的觀點也採納了不少。正如章太炎自己所說：「余初治《左氏》，偏重漢師，亦頗傍采《公羊》。」[21]比如，《左傳讀》開宗明義，就論證孔子作《春秋》是「立素王之法」[22]。書中還多處說到孔子作《春秋》是為了進行「改制」，並聲稱：「《公羊》有改制之說，實即《左氏》說也。」[23]書中甚至還重複了公羊學家關於孔子作《春秋》是「為漢制法」的說法，說：「殷末作《易》以開周，週末作《春秋》，則以開漢，無足怪也。玄聖制法，斯不疑矣。」「知公羊家為漢制法之說非無據也。」[24]這些事實說明，章太炎反對莊存與、孔廣森、劉逢祿、宋翔鳳等人的論點，並非基於經古文學狹隘的門戶之見。綜觀《春秋左傳讀》，作者依據乾、嘉考據方法，對古文獻進行廣泛的比

21　章太炎：《自述學術次第》，手稿存上海圖書館。
22　章太炎：《春秋左傳讀》卷一，北京坊間石印本，錢玄同原藏，今存北京圖書館；又見《章太炎全集》第二卷，第59—60頁。
23　章太炎：《春秋左傳讀》卷六，哀公十四年《西狩獲麟》條；又見《章太炎全集》第二卷，第784頁。
24　章太炎：《春秋左傳讀》卷五，隱西元年《鄭伯克段》條；又見《章太炎全集》第二卷，第66—68頁。

較研究，發揮了作者在文字音韻學方面的長處，解難釋疑，取得了富有學術價值的成果。但是，由於強行要使《左傳》與《春秋》合符，過分拘泥於左丘明為《春秋》作傳及《左傳》傳授系統等舊說，書中牽強疑滯之處也還不少。

　　章太炎曾希望譚獻設法幫助刊刻這部著作，使它得以問世，但沒有成功。後來，他準備將九百條雜記依照傳文年月重新編次，並醞釀請劉師培承擔此役。1906年，他在致劉師培書中說：「昔嘗作《左氏讀》，約有五十萬言，其在篋中，未示學者。曾以語君，約請編次。當時書笥已失，今複檢得之，複欲他人編排年月，已不可得矣。」[25]後來，1913年北京坊間曾據該稿謄清縮小石印，一部分原稿及續編手稿至今仍珍藏於上海圖書館。70年代末80年代初，我對這部著作進行了整理，並根據作者當年的意願重新加以編次，編入《章太炎全集》第二卷正式出版。

25　　《某君與某君》，《國粹學報》丙午年第十二號。

第二章

新學砥礪

2.1　心儀新學

早在童年時代，環境和教育已在章太炎胸中撒下了叛逆的種子。當時，外祖父朱有虔課讀之餘，對於這個小外孫，就常常「以明、清遺事及王而農、顧寧人著述大旨相曉」[1]。章太炎十一二歲時，朱有虔給他敘述了雍正年間曾靜、呂留良文字獄的情況，告訴他，「夷夏之防同於君臣之義」，「王船山、顧亭林已言之，尤以王氏之言為甚，謂歷代亡國無足輕重，惟南宋之亡，衣冠人物亦與之俱亡」[2]。隨後，章太炎自己得讀蔣良騏的《東華錄》，「見戴名世、呂留良、曾靜事，甚不平，因念《春秋》賤夷狄之旨」[3]。十六七歲後，他又讀了留雲居士的《明季稗史》、全祖望的《鮚埼亭集》和王夫之的《黃書》，得知明末清初大批志士抗擊清兵的事蹟以及一姓興亡輕、民族盛衰重，「華夏不自畛以絕夷狄，則地維裂矣」[4]等等理論，更深受震動。這就是他自己所述的：「睹全祖望文所述南田、臺灣諸事甚詳，益奮然欲為浙父老雪恥。次又得王夫之《黃書》，志行益定。」[5]

王韜、薛福成、馬建忠、鄭觀應，稍後是康有為、梁啟超、譚嗣同等人，這批剛從舊營壘裡分化出來的知識份子，懷著對舊秩序的憤怨，對新事物的敏感，逐漸提出了變法自強的要求。他們看日本經過明治維新，走上了資本主義道路，迅速強盛起來，於是，熱烈地要求學日本，搞維新。

1　《太炎先生自定年譜》光緒二年。
2　朱希祖：《本師章太炎先生口授少年事蹟筆記》，《制言》第二十五期。
3　《太炎先生自定年譜》光緒二年。
4　王夫之：《黃書·原極》。
5　章太炎：《光復軍志序》，見該書書首。

早在進入詁經精舍之前，章太炎就已同這股新思潮有了接觸。他曾回憶說：

昔年十四五，迷不知東西，
曾聞太平人，仁者在九夷，
隴首余餱糧，道路無拾遺。[6]

古代以「太平」代表太陽升起的東方極遠的地方。這首詩中所說的「太平」和「九夷」，正暗喻日本和其他先進的資本主義國家。用玫瑰色描繪出來的這幅樂園圖並不是「九夷」的生活現實，但是，這幅圖景卻說明瞭他所憧憬的究竟是什麼。

在詁經精舍中，章太炎注意閱讀史籍，特別是典章制度，目的是瞭解古來政治興亡得失的軌跡。同時，他也開始注意閱讀此前江南製造局、同文館和廣學會所譯述的一些西學書籍，《膏蘭室箚記》1893年冬以後所撰寫的許多條目，便利用了不少從這些書籍中得來的新知識。比如，在疏證《莊子・天下》、《淮南子》中《俶真訓》、《天文訓》、《地形訓》、《覽冥訓》及《管子》中《侈靡》、《白心》等篇時，他便引述了歐幾裡得著，利瑪竇、徐光啟、偉烈亞力、李善蘭譯的《幾何原本》；侯失勒著，偉烈亞力、李善蘭、徐建寅譯的《談天》，赫士、朱葆琛譯的《天文揭要》；雷俠爾著，瑪高溫、華蘅芳譯的《地學淺說》；韋廉臣編的《格致探原》；李提摩太編的《七國新學備要》等專著，內容涉及近代天文、地質、物理、化學、數學、生物學等方

6　章太炎：《東夷十章》之一，1911年2月9日《光華日報》。

面。從章太炎考訂疏證的各條目可以看出，引起他關注的有天體演化學說、生物進化學說、細胞學說、物質由以構成的粒子與元素學說等近代自然科學的一系列最新成就。這些新知識，打開了章太炎的眼界。

甲午之戰的敗耗促使章太炎深思。他痛切地感到，人們要振作起來，國家要振作起來，必須掙脫傳統習俗和社會勢力所織成的重重蛛網。中國大大小小的家族、宗派，他們盤根錯節的習慣勢力，使社會四分五裂，使沉沉暮氣瀰漫於中國。這些勢力，號稱為「群」，其實只是為「大群之賊」的「小群」。他強烈地意識到，要使中華民族結成一個真正鞏固、奮發有為的「大群」，就必須衝垮這些「小群」，而這又必須依靠樹立敢於同流俗相背、敢於蔑視舊社會種種習慣勢力的「大獨」精神。他斷言：「大獨，大群之母也。」他還著重指出，「大獨」絕非那種鼠目寸光的妄自尊大或閉目塞聽的一意孤行，「大獨必群，不群非獨也」，真正的「大獨」是同種種「小群」決裂，而以整個民族、整個國家的命運為歸依，即一要「群於國」，二要「群於無告者」，三要「群于知方之士」。他呼籲，君王、將帥、官吏、學者、師長，都要自覺地樹立起「大獨」精神。在談到他自己時，他寫道：

余，越之賤氓也，生又羸弱，無驥騖之氣，焦明（鸞鳳）之志，猶憯淒忉怛，悲世之不淑，恥不逮重華。……知不獨行，不足以樹大旅。[7]

7　章太炎：《明獨》，《訄書》初刻本。

章太炎開始了學業上的新探索。他加緊閱讀各種西學書籍，力圖對世界有更多的瞭解。那時，譯成中文的西學書籍不過四百多種，國人所撰述的介紹各國狀況的書籍也只有一百多種。章太炎憑藉這些讀物，對西方自然科學和社會政治學說有了較為系統的瞭解。他在回溯自己思想發展過程時說過：「自從甲午以後，略看東西各國的書籍，才有學理收拾進來。」[8]

同時，章太炎又重新精讀《管子》、《荀子》、《韓非子》等諸子著作和《通典》、《通鑑》等史籍。他發現，這些古代思想不少正切中時弊，以此，他說：「遭世衰微，尋求政術，曆覽前史，獨于荀卿、韓非所說，謂不可易。」[9]

1895年11月，康有為鑒於「滬上總南北之匯，為士夫所走集」，在上海發起組織上海強學會，打算通過這一組織，「群中外之圖書器藝，群南北之通人志士，講習其間，而因推行於直省」。[10]章太炎立即匯去捐款16元，報名入會。然而，上海強學會成立僅一個多月，就與北京強學會一起，因禦史楊崇伊奏劾強學會「植黨營私」而被封禁了。不久，強學會又被解禁，被勒令改組為專門負責譯書的官書局。章太炎感到失望。對於詁經精舍冷清而枯寂的生活，也越來越難以忍受。1896年8月18日，他給正在武昌的譚獻寄去一信，希望獲得他的引薦，西游江漢，以擺脫精舍中那陳腐了的環境。他寫道：「自違辟咡，終日枯坐，與蟬魚相對。朋輩鱗萃，以《漢書》人表、晉代中正

8　　章太炎：《演說錄》，《民報》第六號。
9　　章太炎：《菿漢微言》，第72頁。
10　　康有為：《上海強學會後序》，《皇朝經世文新編》第二六卷。

格之，尟當上中品者。浙中文學，陵遲衰微可知也。……自有此身，
匆匆三十年，白日駿驅，歲不我與，非裹糧遊學，終無以德進業。」
[11]章太炎渴求投身到維新人士薈集的維新運動中心去，使自己的思
想、學業有一個較大的飛躍。

　　譚獻還沒有來得及給他引薦，維新變法運動的喉舌上海《時務
報》的經理汪康年邀他去上海參加編纂工作。章太炎不顧老師俞樾的
勸阻，離開詁經精舍前往上海，投身維新運動。

　　梁啟超任主編的《時務報》是宣傳維新變法旗幟最鮮明、影響最
大的陣地。章太炎期待《時務報》「馳騁百家，掎摭子史，旁及西史，
近在百年，引古鑒今，推見至隱」[12]。即要認真研究本國的學術文化
與歷史實際，參照西方國家近百年來的社會變動的歷史進程，進行切
實的探討，確定救國救民的方案。他在《時務報》論說一欄發表了兩
篇論文，一篇是《論亞洲宜自為唇齒》，另一篇是《論學會有大益於
黃人亟宜保護》。前者著重批判了清朝政府的親俄賣國外交，強調要
把注意力放在改革自己的內政上，這就要堅決清除「惟舊章之守」的
惡習，「發憤圖自強，綜核名實，使卒越勁，使民慭願，使吏精廉強
力」。結俄以為奧援，恰好是引狼入室。他分析了當時遠東局勢，主
張「外昵日本，以禦俄羅斯」，而這又當以中國「發憤而為雄」為前
提。[13]

11　章太炎：《致譚獻書》（光緒二十二年七月十日），原件藏上海圖書館。
12　章太炎：《致汪康年》（光緒二十二年十一月二十五日），原件藏上海圖書館。
13　章炳麟：《論亞洲宜自為唇齒》，《時務報》第十八冊。

《論學會有大益於黃人亟宜保護》[14]抨擊當國者長期來一面「以其權力勢藉錮塞諸生」，一面又「為之餼廩利祿以羈靡之」，使「天下之士，肥瘠不相顧，痛瘝不相知」，「卷勇股肱之力，經畫取與之智，不及俄羅斯；居奇操贏，使天下斂袂，不及英吉利；弭兵善鄰，折衝於樽俎，不及美利堅」，終致國勢日頹，四夷交侵。號召維新志士們「合耦同志，以建學會，於息壤之將傾，天保之未定，沈憂噍殺，朝夕講貫，雖摩頂放踵所不敢辭」。並要求清朝政府改弦更張，對於各種學會，「宜有以糾之、合之、禮之、養之、宣之、布之，使比於賓萌，上說下教，以昌吾學，以強吾類」。

離開詁經精舍而進入時務報社，以及發表這兩篇文章，表明在新學的啟迪下，章太炎的思想與學術已經發生了重大的轉折。

2.2　中西合言

時務報館是上海維新志士活動的中心。在這裡，章太炎與梁啟超、汪康年等朝夕相處，並結識了譚嗣同、宋恕等許多知名人士。維新志士們剛剛從舊營壘中分化出來，都背負著相當沉重的因襲的重擔。對於中國傳統學術，沒有來得及從其自身內部生長出批判和創新的力量，來獨立地進行疏浚清理、發展轉化；對於西方新學，也沒有足夠的基礎與時間去加以咀嚼、消化、吸收。急迫的形勢，驅使他們中間許多人匆匆地將兩者簡單地加以比附、黏合，結果，造成傳統的舊學和舶來的新學雙雙變了形。最為典型的便是康有為精心構造新孔

14　章炳麟：《論學會有大益於黃人亟宜保護》，《時務報》第十九冊。

學和積極籌畫建立孔教。康有為新孔學的代表性著作是《新學偽經考》、《孔子改制考》與《春秋董氏學》三書。他說，兩千年來視若神聖的孔學，其實是劉歆、鄭玄一手製造的贗品，「閱二千年歲月日時之綿暖，聚百千萬億衿纓之問學，統二十朝王者禮樂制度之崇嚴，咸奉偽經為聖法，誦讀尊信，奉持施行」[15]。真孔學確認孔子是天生的聖人，「天既哀大地生人之多艱，黑帝乃降精而救民患，為神明，為聖王，為萬世作師，為萬民作保，為大地教主」[16]。這位偉人創立了據亂、升平、太平三世說，假託夏、商、周三代盛世的名義，制定了未來「新王行仁」的全套制度，將把人們引向大同世界。兩千年來，由於「真孔學」被閂塞沒，偽孔學猖獗橫行，「中國之民遂二千年被暴主、夷狄之酷政」[17]。康有為堅持把孔學宗教化，將維新變法思想變成新的宗教教條，無非是想利用孔子與孔學的傳統力量，在思想上、精神上樹立一個易於為人們所接受的新權威，而用這個新權威來取代舊的權威。

章太炎在自己的文章中，也援引過一些今文經學的流行說法。比如，《論學會有大益於黃人亟宜保護》第一段中寫道：「整齊風俗，範圍不過，若是曰大一統。益損政令，九變複貫，若是曰通三統。通三統者，雖殊方異俗，苟有長技則取之。」就是借用春秋公羊學大一統、通三統的理論，來論證維新變法和學習西方的合理性。然而，他的學術素養使他深知，康有為的「新孔學」並無可靠的歷史根據。他曾向梁啟超表示：「變法維新為當世之急務，惟尊孔設教有煽動教禍

15　康有為：《新學偽經考・敘》，《新學偽經考》書首。
16　康有為：《孔於改制考・序》。
17　康有為：《孔子改制考・序》。

之虞，不能輕於附和。」[18]對於康門弟子「以長素為教皇，又目為南海聖人，謂不及十年，當有符命」，他更「大聲疾呼，直攻其妄」[19]。梁啟超的學生梁作霖帶了一批人為此竟毆打了章太炎一頓。章太炎因此憤而離開了時務報館。這場衝突表明，康有為對待孔學，具有明顯的主觀主義、實用主義傾向，而章太炎對待孔學，態度則比較嚴謹，他尤其反對用新的宗教式的迷信取代舊的迷信。章太炎返回杭州。因為時務報館衝突的餘怒猶在，他杜門謝客，埋頭撰寫《〈新學偽經考〉駁議》。在脫稿之前，他還專函溫州，向著名學者孫詒讓請教，希望獲得孫的同情與支持。以精研《墨子》與《周禮》著稱的孫詒讓，卻不贊成他這樣做，曾覆信婉言勸止。信中說：《新學偽經考》等「是當嘩世三數年。荀卿有言：『狂生者，不胥時而落。』安用辯難其以自熏勞也？」[20]孫詒讓雖也不贊同康有為的「新孔學」，但是，他認為，對康有為上書要求變法，還應積極加以支持。而公開批駁《新學偽經考》，將於康有為的威望、影響有所不利，所以，他要求章太炎中斷《駁議》的寫作。1898年，孫詒讓在致汪康年書中，曾專述此事：「康氏學術之謬，數年前弟即深斥之。去年致章枚叔孝廉書，亦曾及之。然其七、八上書，則深佩其洞中中土之癥結。于卓如，則甚佩其《變法通議》之剴切詳明，不敢以其主張康學之執拗而薄之。此薄海之公論，非不佞之臆論也。」[21]章太炎接受孫詒讓的勸告，中止了《駁議》的撰述。

18　李劍農：《中國近百年政治史》上冊，第244頁。
19　章太炎：《致譚獻書》（光緒二十三年三月十九日），見錢基博：《〈複堂日記續錄〉跋記》。
20　章太炎：《裡安孫先生傷辭》，《太炎文錄初編》卷二。
21　孫詒讓：《致汪康年》，原件藏上海圖書館。

1897年6月，章太炎在杭州與很早就已要求維新變法的宋恕、陳虬[22]等人聯名發起成立興浙會。

　　章太炎為這個團體寫了一篇具有成立宣言性質的「序」。他在這篇《興浙會序》[23]中強調指出，興浙會與吳、楚、嶺南諸學會相比較，「名實或少異焉」。名實「少異」之處，一在於它沒有一般學會所有的「學」字，二在於它徑直以「興浙」為名，而且這個「興浙」又與振興整個中國以至整個亞洲聯繫在一起。《興浙會序》中說：「別於地球而亞細亞，別於亞細亞而為震旦，別於震旦而為浙江。……不能興震旦而言興亞細亞，不能興一部而言興震旦，則誇嚴之談已。吾胎萌於浙，慮從其近，是以樹興浙會。」從「興浙會」這一名稱和這一段詮釋中，人們不難看到孫中山「興中會」的影子在時隱時現。

　　為了激勵人們奮起為浙江的振興或復興而獻身，《興浙會序》表彰了浙江歷史上五位著名的英雄人物，用作人們的楷模。這五位歷史人物，一是在推翻元朝民族統治的鬥爭中「論功最高」的劉基，二是英勇抗擊蒙古貴族也先入侵而使「北虜震栗」的於謙，三是「探賾索隱，定天下之吉凶，成天下之亹亹」的王守仁，四是反對君主專制和宣導「大同」的黃宗羲，五是堅貞不屈、抗清而死的張煌言。《興浙會序》要求人們「埤五公之言行，而洞通乎時事」，使浙江「湔文弱之名，而號之用武之國」。

22　宋恕，字平子，號六齋，浙江平陽人，著有《六齋卑議》。陳虬，字志三，號蟄廬，浙江樂清人，著有《治平通議》。
23　《興浙會序》，《經世報》第一冊，未署名，但從內容到文字、風格，可判斷此文系出自章太炎手筆。

興浙會章程十四條[24]，對「學問之道」、會員、會董、會務作了具體規定。章程首先強調指出：「學問之道，有教無類。劉、于、王、黃、張五公，文學勳業，風節行誼，於浙中為特著，而時代亦最近，故舉之為職志，非謂學者當墨守諸公之藩籬，不必博覽群書也。」在群書之中，章程以為必須特別重視典章制度和中國歷史的研究，「大抵經以《周禮》、兩戴記為最要，由訓詁通大義，足以致用；史以三史、《隋書》、《新唐書》為最要，所謂五世之廟，可以觀怪」。章程還盛讚管、墨之學，並要求以荀學持衡諸子，說：「子以管、墨為最要。至荀子則入聖域，固仲尼後一人。持衡諸子，舍蘭陵其誰哉？」關於「經世之學」，章程強調說：「經世之學，曰法後王。雖當代掌故，稍遠者亦芻狗也。格致諸藝，專門名家；聲、光、電、化，為用無限……大抵精敏者宜學格致，駏邁者宜學政法。官制、兵學、公法、商務，三年有成，無待掌。且急則治標，斯為當務。」學習西方科學技術和政治經濟制度，被看作最急迫的任務。以上內容，與章太炎這一時期學術思想的基本趨向完全吻合，對舊學，重在宣導諸子的歷史研究以彌補儒學的不足；對新學，重在實用；兩者都要重視，而不是勉強黏合，更不是強使兩者變形，這可以看作章太炎當時治學的一份總綱。

1897年8月初，章太炎與興浙會的重要骨幹宋恕、陳虬等人創辦了《經世報》，8月下旬，他又與王仁俊一起創辦了《實學報》，11月和常州人惲積勳、董康等人組織譯書公會，創辦《譯書公會報》，就是章太炎上述治學總綱的具體實踐。

24　《興浙會章程》，《經世報》第二、三冊。

在《經世報》創刊號上，章太炎發表了《變法箴言》，專門討論了用什麼方法促進民眾覺悟的問題。他提出：「民不知變，而欲其速化，必合中西之言以喻之。」對於不同的宣傳對象，則又可採取不同的形式。比如，對於那些以眼見為真的人，「陳古而閎，不如道今」；而對於那些熱衷於復興故物者，「與道今而不信，則又與之委蛇以道古」。

在為《實學報》發刊所寫的序中，章太炎嚴厲批評了那些不忍攻苦、又不甘自認淺陋的「高材之士」，他們往往道聽塗說，擷拾一二皮毛，牽強附會，到處炫耀，「聞格致矣，以希臘、巴比倫之古教炫之；聞古教矣，以佛說炫之」。章太炎指出：「綜其所論，以施之西學，則正負亂；以施之中學，則名實亂。」要學有成效，就必須根本清除這種錯誤的態度。[25]

《實學報》可以說是「委蛇以道古」的典型。在《實學報》上，章太炎接連發表了《後聖》、《儒道》、《儒兵》、《儒法》、《儒墨》、《儒俠》、《異術》等一系列分別比較儒學與諸子學短長的文章。說明諸子學與儒學並存，正可糾正儒學的偏頗，補充儒學的不足。他特別反對罷黜百家而獨尊一說，指出：「物之不齊，物之情也。……百家臚說而一行，則他議者綴媚，綴媚甚，則必反之兵矣。……夫魁士駿雄將以其議以衛民者，徒長亂以為民害。」[26]

譯書公會和《譯書公會報》，則集中體現了「道今」的宗旨。

25　章炳麟：《實學報序》，《實學報》第一冊。
26　章太炎：《異術》，《實學報》第四、五冊。

組織譯書公會，創辦《譯書公會報》，與先前的活動相比較，一個十分鮮明的特色，就是把學習西方提到了更高的地位，對如何瞭解西方、學習西方，提出了更為嚴格的要求。章太炎在《譯書公會敘》中嚴厲抨擊「五十年以往，士大夫不治國聞，而沾沾於聲病分隸；戎士視簡閱僅若木熙，無一卷之書以教戰者；懷安飾譽，其禍遂立見於今日」。他說，鴉片戰爭以來，執政者繼續閉目塞聽，抱殘守闕，治學與實際嚴重脫節，致使「一旦變易，官無其法，法無其人，人無其書」，這樣，即使實行變法，亦將「首施兩端，前卻失據」，使變法最終歸於失敗。中國已經譯述了幾百種西學書籍，是否已足夠供學習西方之用了呢？章太炎斷然作出了否定的回答，指出：就各國狀況而言，「有軼事，無完史；有蔥嶺以西，無大漠以北；故列國之要最，肘腋之隱患，一切不省」；就各種學說而言，「新理日出，歲無留故，一息炭養（氧）更，其事立變，……而吾猶守舊譯，以成世之暗習，其焉能與之終古？」為此，他說，維新志士迫在眉睫的任務，就是「紬五洲書藏之秘，以左政法，以開民智」[27]。

從《譯書公會章程》可以得知，這是一個以采譯歐美日本「切用書籍」為主要任務的團體，「凡有關政治，學校，律例，天文，輿地，光、化、電、汽諸學，礦務，商務，農學，軍制者」，只要屬於「近時切要之書」，都在公會購求與翻譯計畫之內。為順利進行這項工作，譯書公會集股二十份作為基金，每份為銀五百兩，還努力同倫敦、巴黎、東京等許多大書店發生業務關係。[28]《譯書公會報》主要

27　章太炎：《譯書公會敘》，《譯書公會報》第一冊。
28　《譯書公會章程》，《譯書公會報》第一冊。

的任務，就是譯介國外有關著述。這是一份週刊，設有文編和日本、英國、法國、德國等報紙選譯諸專欄，並連載若干譯成中文的外國專著。章太炎作為譯書公會和《譯書公會報》的專任主筆，在確定宗旨、選題、撰文鼓吹和潤色譯文方面，都起了積極的作用。

上述事實表明，與同時代的其他維新志士相比，在對待西學方面，章太炎要求學習得更系統、更全面、更透徹，而反對華而不實與零碎、片面、皮毛的瞭解；而在對待中國舊學方面，他則態度嚴謹，反對用主觀設想或偏見、臆造取代對於各種舊學實事求是的分析。正是這樣一種治學態度，使章太炎能夠比較清醒地對待各種先行學說，比較冷靜地對待中國社會和中國政治的實際。

正因為如此，他與株守舊學者很快分道揚鑣。1898年春，章太炎應張之洞之邀赴武昌主持創辦《正學報》，將與章共事的是張之洞最為親信的梁鼎芬，曾主持過《實學報》、現為張之洞幕僚的王仁俊，以及梁鼎芬的得意門生朱克柔。他們都知道章太炎不贊成康有為的《新學偽經考》，特別激烈地反對過康有為建立孔教的主張，便打算將他推在頭裡，把《正學報》辦成一個以反對康有為為主要目標的刊物。章太炎很快就發現了他們的真實意圖，並同他們發生了激烈的衝突。稍後，他回溯說：

　　曩客鄂中，時番禺梁鼎芬、吳王仁俊、秀水朱克柔皆在幕府，人謂其與余同術，亦未甚分涇渭也。既數子者，或談許、鄭，或述關、洛，正經興庶，舉以自任，聆其言論，洋洋滿耳，及叩其指歸，彎卷逡巡，卒成鄉願，則始欲割席矣。嗣數子以康氏異同就余評，並其大

義亦加詆毀，余則抗唇力爭，聲震廊廡，舉室目呀眙，謂余變故，而余故未嘗變也。[29]

章太炎在他所起草的《正學報例言》中提出：「九流騰躍，以蘭陵為宗；歷史汗牛，以後王為法。」[30]這與以孔、孟、程、朱為唯一正宗的梁鼎芬等人，在對待舊學上，完全南其轅而北其轍。

張之洞宣導「中學為體，西學為用」的代表作《勸學篇》正在這時由兩湖書院刊刻問世。這部著作分作內外兩編，內編為《同心》、《教忠》等九篇，「明保國保教保種為第一義」；外編包括《益智》、《遊學》、《設學》等十五篇，要人們恥於不如日本、土耳其，懼蹈印度、越南、緬甸、朝鮮的覆轍，知「不變其習，不能變法；不變其法，不能變器」。這部著作為了調和中學與西學，反覆強調：「內篇務本，以正人心；外篇務通，以開風氣」；「中學治身心，西學應世事」；中學「考古非要，致用為要」，西學「西藝非要，西政為要」。曾獲英國大學羅馬希臘經科博士、並在德國國家工科大學修業，專門為張之洞處理洋務的辜鴻銘，在談到《勸學篇》的撰著時說過：張之洞「效西法，非慕歐化也」，「圖富強，志不在富強也」，「蓋富強以保中國，保中國即所以保名教」。[31]這段話，頗能暴露張之洞思想的奧秘。

對《勸學篇》這一騎牆態度，章太炎也旗幟鮮明地表示反對。

29　章炳麟：《〈康氏復書〉識語》，1899年1月13日《臺灣日日新報》。
30　見湯志鈞編：《章太炎政論選集》上冊，第62頁。
31　漢濱讀易者（辜鴻銘）：《張文襄幕府紀聞・清流黨》。

《太炎先生自定年譜》記述他與張之洞衝突的情況說：「之洞方草《勸學篇》，出以示余。見其上篇所說，多效忠清室語，因答曰：『下篇為詳實矣。』」《艾如張董逃歌序》記述此事云：「張之洞始為《勸學篇》，以激忠愛、摧橫議，就餘諮度。退則語人：『宙合皆含血，生於其洲而人偶其洲，生於其國而人偶其國，人之性然也。惟吾赤縣，權輿風、薑以來，近者五千祀，沐浴膏澤，淪浹精味久矣，稟性非異人。古之讜訓：上思利民，忠也；朋友善道，忠也；憔悴事君，忠也。今二者不舉，徒以效忠徵求氓庶！且烏桓遺裔，蹂躪吾族幾三百年，茹毛飲血，視民如雉兔。今九世之仇縱不能複，乃欲責其忠愛？忠愛則易耳，其俟諸革命以後。』聞者皆怒，辮發上指棟。」[32]

梁鼎芬因之趕忙稟報張之洞，「謂章某心術不正，時有欺君犯上之辭，不宜重用」[33]，要求張之洞即日逐走章太炎。

事實表明，陳今也好，委蛇以道古也好，路徑並不平坦。面對那些株守舊說及曲解今學者，他都免不了要碰壁。在武昌逗留了一個月，章太炎便不得不狼狽離開武昌返回上海。

2.3　斯氏啟迪

章太炎返滬不久，光緒皇帝發佈「明定國是」詔書，宣佈要變革「大經大法」。康有為受到光緒皇帝的召見，奉命在總理衙門章京上

32　章太炎：《艾如張董逃歌序》，《太炎文錄初編》卷二。
33　馮自由：《中華民國開國前革命史‧壬寅支那亡國紀念會》。

行走，並獲准可以「專折奏事」。康有為躊躇滿志，自信「三年而宏規成，五年而條理備，八年而成效舉，十年而霸圖定」[34]，成功指日可待。

7月26日，光緒皇帝命將《時務報》改為官辦。梁啟超早已赴京，汪康年這時便藉口《時務報》已奉旨官辦，民間不復能用此為刊名，將《時務報》改名為《昌言報》，聘任章太炎為主筆。8月17日，《昌言報》正式創刊。從第一冊至第六冊，章太炎都未發表論學或論政的文章。他僅與曾廣銓合作，由曾廣銓口譯，由他筆述，翻譯了近代社會學主要奠基者斯賓塞爾的文集，以《斯賓塞爾文集》為題在《昌言報》上連載。第八冊續刊一次。第一冊曾為此發佈一則《本館告白》，說：

斯賓塞爾為英之名儒，生平著述甚夥，專討求萬事萬物之根源，每假格致之說，顯微妙之理，實為考究新學者不可不讀之書，早為歐洲人士所推重。前天津《國聞彙編》譯其《勸學篇》，讀者莫不心饜意愜，惜未及譯全。茲本館覓得其全集，特按期譯登報端，以餉同志。其文新理絡繹，妙義環生，當亦諸君所深許也。

這段告白，充分表達了章太炎對斯賓塞爾仰慕之情。所謂合作翻譯，指由曾廣銓來譯，由章太炎筆述。第七、第九期中斷，原因是西太后發動政變，章太炎趕寫了《書漢以來革政之獄》及《蒙古盛衰論》、《回教盛衰論》，發表於這兩冊。該刊出至第十冊即遽然中止，

34　康有為：《康有為自編年譜》光緒二十四年。

而且，第十冊上沒有一篇章太炎執筆的文章，這主要由於擔任該刊主筆的章太炎這時為清廷所通緝，匆匆離滬，避往已為日本所佔領的臺灣，刊物和《斯賓塞爾文集》的譯述都無法繼續下去。

昌言報館所購得的《斯賓塞爾全集》，是倫敦1893年出版的Mr. Herbert Spencer's Works，包括《綜合哲學》（A System of Synthetic Philosophy），其第一卷為《第一原理》（First Principles），第二卷為《生物學原理》（The Principles of Biology）上、下卷，第三卷為《心理學原理》（The Principles of Psychology）上、下卷，第四卷為《社會學原理》（The Principles of Sociology）上、下卷，第五卷為《教會機構》（Ecclesiastical Institutions），第六卷為《倫理學原理》（The Principles of Ethics）上、下卷；《教育：知識份子、道德和自然科學》（Education：Intellectual, Moral, and Physical）；《作為研究物件的社會學》（The Study of Sociology）；《社會靜力學和人類狀況》（Social Statics and Man V.State）；《短論：科學的，政治的，思辨的》（Essays：Scientific, Political, and Speculative）。《昌言報》所譯述的《斯賓塞爾文集》，其實就是斯賓塞爾作品集中最後這一種短論集。短論集包括論文四十四篇，第一部分有《進化的假說》、《進步：它的法則和原因》、《先驗哲學》、《關於星雲說》、《權力構造》、《社會有機體》、《動物崇拜的起源》、《倫理和道德情操》、《有機物進化的因素》等十三篇。第三部分有《習俗和風尚》、《貿易倫理》、《監獄倫理》、《專制政治倫理》等十五篇。《昌言報》所載《論進境之理》、《論禮儀》實際上只是第一部分《進步：它的法則和原因》、第三部分《習俗和風尚》這兩篇短論的譯述。

《論進境之理》廣泛研究了宇宙和人類社會的運動變化過程，闡述了斯賓塞爾自己所歸納的關於進化的主要原理。斯賓塞爾說：「夫地球之成果，眾生之成果，交際之成果，政治之成果，製造之成果，貿易之成果，語言、文學、工藝之成果，其始皆原於一，其後愈推至於無盡，蓋夫日夜相代乎前而未嘗息者，斯進境之說也。」[35]進化，在這裡被概括為由一質點而逐步衍生變化形成萬事萬物，「由一生萬，是名進境」[36]。文章逐一列舉了日月星辰、動植物、人類自身和人類活動的各個不同層面，對此作了論證，說明太陽與星「紛綸錯雜者，其始固一質之點所積而成」[37]，動植之物「當其萌芽膏胚以前，亦必自一點始」[38]，人類求其原，亦「不歸於一不止」[39]。結論是「由一以化萬，化愈多而愈新」[40]。

《論進境之理》根據牛頓力學理論，將進化的原因歸之於力的作用，提出了「變生於力」[41]、「一力而有斯變」[42]等命題。他說：「進境者，變化之異名。」[43]變化有內變、外變之別，致變之力亦有內力、外力之別。文章以動植物為例，說明內力與外力、內變與外變的關係；「動植物之生機質點，泯然若寥天一，欲參驗其形，不可得已，……蓋孳生點之初變，率剖裂成兩體，久而成管無數，以外力攻

35　《昌言報》第一冊，第1頁B面。
36　《昌言報》第三冊，第1頁B面。
37　《昌言報》第一冊，第2頁A面。
38　《昌言報》第一冊，第2頁B面。
39　《昌言報》第一冊，第3頁B面。
40　《昌言報》第三冊，第2頁A面。
41　《昌言報》第五冊，第1頁B面。
42　《昌言報》第四冊，第1頁B面。
43　《昌言報》第三冊，第1頁B面。

擊漱齧之，則內變始作，然後成果」[44]。文章還特別強調：「凡一力所生，必不止一變。就其一變計之，則所歧出者，又鈲析而不可數。」「一力之進，其因變必不止於一端；一力之退，其因變亦然。」[45]「天地太始與他物之原質點皆為一體，久而生變，變而不已，愈變愈繁，一力之衰，又生他變，故知變化之故，非矯揉所能為也。」[46]由於受牛頓力學的影響，這些概括表現了明顯的機械論傾向，但是，在實際分析各類事物進化的原因時，他則注意到了各種具體的因素。比如，關於太陽與各行星的形成，文章以吸旋二力及離心力的作用加以解釋；地球上複雜地形的形成，則由於火、水、氣等多種因素的長期作用，「因變愈多，則變態亦因以愈多；始變之力巨，則變態亦盡秒忽矣」，「質點大變化者，其後之變化複大……初變者遲，踵變者速，非變之速也，可以致變者多也」[47]；地球上種種禽卉的存滅盛衰或變其故形，決定於是否能在環境發生重大變化之際順天時、就地利，「斯變也，非特千種之因變而已，必又生千種之新物，而新物又自為變也」[48]；人的變化，也同樣受到各種因素的影響，「九變複貫，皆原於一，同廡宇之民而其後至於分離乖隔者，曰：以天時地利之不同而已」。人類交涉之變，更直接受到工藝軍械的製作、交通工具的改進等等因素的影響。[49]

《論進境之理》又一重要內容，就是反覆說明，儘管人們對於進

44　《昌言報》第四冊，第2頁A面。
45　《昌言報》第三冊，第1頁B面、第4頁B面。
46　《昌言報》第五冊，第1頁A面。
47　《昌言報》第三冊，第3頁B面，第4頁A面。
48　《昌言報》第四冊，第2頁A、B面。
49　《昌言報》第四冊，第3、4頁。

化的過程和進化的原因瞭解還不多，認識中還有許多訛錯失誤，但是，隨著人類自身的不斷進化，認識確實在深化。文章以大量事例，說明瞭許多現象人們之所以不能作出正確的概括和充分的解釋，一個重要的根源就是人們的見聞不廣，或存有偏見；文章對拒絕新見、固守舊說的錯誤態度作了譴責：「彼淺見寡聞者，見格致日進，而己所依倚之理，將敗績失據，則大聲而醜嫉之，斯可哂也。」[50]同時，文章又特別強調了人們的認識畢竟是有限的，他們並沒有就此把握絕對真理，絕對真理是存在的，而人們的認識不可避免地都要受到這樣或那樣的侷限，因之，人們的認識也將是不可窮盡的。全文正是以這個意思作結論：

夫地球內外之變態，生生不已，上不能窮其本，下不能究其標。雖以天地之始為散點，其散點所自，又何物哉？未來之變，能指其一二，變後之變，何自而度之？然則己所知者，誠持之有故矣，其所未知，能定其起點之所在乎？既往者知之矣，未來者能燭照而數計乎？且所已知，特內外之變耳，變之生於力，吾知之，其力之為何物，則吾勿能知也。人之意念，必始於知覺，吾知之，知覺所自始，吾又勿能知也。⋯⋯然則謂人智之有涯可也，謂其無涯亦可也。何者？因其所知而緄鑿之則無涯，於所未曆、於所未見不能立天元一而求之，則又有涯矣。然後知天下無極知之理，而萬物各有不能極知之理。[51]

50　《昌言報》第五冊，第1頁A面。
51　《昌言報》第五冊，第1頁A、B面。

《論禮儀》結合教治，王治的起源、本質和作用，研究了禮儀與風俗的產生、演變的過程以及變法的「一定不易之理」。

　　文章從古往今來爭教、爭政者都要努力變革禮儀、而國教與朝廷的維護者則多極力固守傳統的禮儀談起，論及舉凡朝廷之制、廟堂之典、會同之儀，人物或者向之，或者背之，彼此之間互相抵牾，雖冰炭不足比擬。究其原因，以政治而論，「今之政治，皆始於強梁者」[52]；以宗教而論，也根源於此：「太初榛狂之世，人相什伍，必強有力者治之……尊王之說出於此，尊天主之說亦出於此。夫皇之人類，其事更淺，其知識猶少，變怪猝至，大惑而不解則歸之神明，以為宗主，屍之祝之，社之稷之，飲之食之，其遇常事，亦駑鈍不能舉。有智力過人者，奮然展布其手足，以為非常之舉，幸而有成，則其同類必以靈物視之。」[53]以禮儀而論，本質上和政治、宗教一樣，起因也相同：「至於禮儀，其原則亦同此。……當人類成群之始，蓋未嘗有禮儀。所謂禮儀，弱服強之制而已。所奉紀律，則強者恣意所制；所奉宗教，則知畏強者之聲靈權力；是故禮儀始於敬神、王。」[54]政治、宗教、禮儀三者各有所司，「凡盜竊奸宄，抵觸禁綱者，則附之法律以治之；而世固有傲狠不馴、其惡在性行者，則法律不得與焉，是故為之教治；曰魂魄有罪，猶有劾治之者，而生民之秩序，殯葬之厚薄，衣裳之奢侈，則教治又不得與焉，是故為之品秩以約束限制之；而醉飽之失，乾餱之愆，則品秩之治，又不得與焉，是故為之風

52　《昌言報》第五冊，第1頁A面。
53　《昌言報》第五冊，第3頁A面。
54　《昌言報》第六冊，第1頁A面。

俗以示之好惡，誠之從違；斯皆儀之所自出也。」[55]

論文逐一列述了跣足、舉掌附額、跪拜、鞠躬、匍匐抱足、屈脛、免冠、重嫡長等等禮儀的由來，說明「君臣之分，刑名之辨，昉於降服之禮；敬天事神，與一切吉凶賓嘉之則，昉於敬畏之禮；斯猶網罟也，始摯其綱，而終乃整齊其方罭，於是有法司，有刑官，有律師，有國教，有品秩，有稱號，有禮節。」[56]文章特別強調指出，各種儀禮一旦沿襲而成為風俗，其制民特性往往比政治、宗教和禮儀更為強固：「以術制民者雖有數端，而皆莫如風俗之酷。蓋禮儀者事人之法，而風俗則以限一身之舉止。一自我適人，一自人適我。……故其一為暴揚矯飾，以事有權力者之用，其一為有權力者之所以壓我，而我逡巡以效其用。外暴者，不足以愚人，必有內心者，而人始為之愚。故禮儀與風俗，其長短優絀可知也。」[57]風俗比之禮儀更能制民，就是因為它深入人心，使人們內心對於敬神服強非但不反感，而且視為理所當然，心悅誠服地去遵循。

在分析了政治、宗教、禮儀、風俗的起源與本質之後，文章接著對於它們在歷史上的作用進行了評價。在這一問題上，文章沒有採取簡單化的肯定或否定態度。根據人類由野蠻狀態向文明狀態逐步進化的原理，文章對於它們在人類不同發展階段的不同作用分別作了評價。

文章指出，禮儀也好，宗教也好，政治也好，都曾經為歷史所必

55　《昌言報》第六冊，第3頁A、B面。
56　《昌言報》第六冊，第3頁A面。
57　《昌言報》第六冊，第4頁B面。

需，在歷史上起過積極的作用。「上世之人，日以獵熊為事⋯⋯出與人類交，則相視而有戰鬥之心⋯⋯其暴戾如此，非事事而為之鉗束，則不能群處以相安也。⋯⋯其律既酷，其教既嚴，其禮既繁，三者相輔，而後烝民得以紓死。是故律法弛，則剽劫者滿於山矣；教權弛，則虐老者滿于國矣；禮儀弛，則烝報者滿於家矣。此非虛言也，譬之禦蹄齒之馬而弛其銜轡，其能不奔軼於轅車兀之外哉？」[58]法律、宗教、禮儀，都是為了保持一定的秩序，使人的活動受到必要的約束，對於人類走出早期的野蠻狀態是一個有力的保證。

然而，從根本上說，「各種制人之法，皆為有權力者而設，且以其民愚而易制。」因之，隨著民智漸開，權力逐漸減弱其強制力，這些制人之法便不可避免地要發生遷移消長：「各種政治，均為初一輩人設，積久則人類日繁，民智日出，治法不須若此之嚴，故漸減等。人之知識愈開，則舊律自廢，今世情漸變，後日必更有大變。」[59]文章堅信「變法者，有與眾不同之處，有由來也，非偶然也，亦非立異也，乃一定不易之理也」，並說明，這種變化總的趨勢將是從野蠻一步步走向文明：「禽獸之性不使長，高等之學、教化之學日使進，故食同類之野蠻，一變而為仁恕之人、好太平之人、不信忌諱之人。故子孫優於祖宗，後變勝於前變，將來之變勝於今變，斷無一息間斷。」[60]

更值得注意的也是當時最有針對性的是文章專門討論了人們如何

58　《昌言報》第六冊，第3頁B面。
59　《昌言報》第八冊，第1頁B面。
60　《昌言報》第八冊，第1頁B面。

自覺進行變法的問題。文章指出：「真變法者，斷不以規模古舊而尊之重之，亦不以前人之言通為可信，凡事必協于理而平其等，必使人各自由，各自求其所好，各不侵佔權利，彼此無犯。不論為一人、為天下之人，要其所為，苟出乎應有之權外，即為非理，不可行也。」[61]這裡，強調了「協于理而平其等」及「必使人各自由」的總原則。據此，文章譴責強迫人們株守無理之風俗及使人生舉動必循故轍，毫無自主之日，抨擊守舊黨甘為風俗之奴隸，加以桎梏，被以轡勒，而尚自榮，圍困於風俗之中，而尚以人之毀我牆垣為憾。文章還激勵堅持變法者說：「變法之人，必遭仇怨，若因此退縮，則非但法不可變，即我心亦不可變矣。有是理乎？」[62]要求變法者認清：「舊法愈嚴，則新法愈激。舊法之弊愈多，則維新法之變愈速。」[63]

斯賓塞爾的思想學說當然遠非這樣兩篇論文所能囊括或代表。但是，對於章太炎來說，他的社會有機體論、社會進化論這兩篇論文無論是在總體思想上，還是在各個具體問題的論述上，都起了很大的啟迪作用。直接的影響至少明顯地表現於以下八個方面：宇宙和生物進化學說；文化與文明在人類進步中的作用；古代神權與王權的形成；古代語言和文字的形成與發展；古代法律與諸種制度的形成；古代宗教的形成和演變；古代各種禮儀風俗的形成和變遷；變革、變法的理論與歷史實踐。斯賓塞爾的論文所闡述的論點開啟了章太炎在這些問題上的思路。

61　《昌言報》第八冊，第2頁A面。
62　《昌言報》第八冊，第2頁B面。
63　《昌言報》第八冊，第3頁A面。

關於宇宙和生物進化學說。章太炎在詁經精舍進修期間，已經讀過侯失勒《談天》（原名《天文學教程》）、雷俠爾《地學淺說》、韋廉臣編《格致探原》等包含有天體演化學說、生物進化學說內容的著作，並在自己所著的《膏蘭室箚記》中運用這些學說來疏證《莊子》、《淮南子》中的一些論述。如卷三《無秋毫之微蘆苻之厚四達無境通於無圻》釋《淮南子・俶真訓》，便大段摘引了李提摩太《七國新學備要》關於組成各種元素的極微物質「阿屯」的論說；《天先成而地後定》釋《淮南子・天文訓》，便引了《地學淺說》地殼分層的論說；《火炎而不滅》釋《淮南子・覽冥訓》，引韋廉臣《格物探源》；《化物多者莫多於日月》釋《管子・白心》，引赫士譯的《天文揭要》。如是等等，共三四十條。[64]而章太炎1898年至1899年撰寫的《視天論》、《菌說》及《訄書・原變》等文和這些條目相比，更系統地接受了西方近代天體演化學說、地球形成學說及從魚到人的生物進化學說，並涉及變化的根源，變化中內力與外力的作用等，以進化為宇宙、生物、人類活動的普遍規律，明顯地接受了斯賓塞爾《論進境之理》的直接影響。

關於文化與文明在人類進步中的作用，斯賓塞爾論及交際、政治、製造、貿易、語言、文字、工藝等的進步在人類發展中的作用，章太炎從這裡提煉出一個重要論點：文化素質，文化發展程度，是人與獸、文明與野蠻、高等文明與初等文明的分野。在《菌說》中，他強調不斷提高人的智力是文化發展的中心任務。在《原變》中，他指

64　參閱《章太炎全集》第一卷，上海人民出版社，1982年，第249—250、251—252、256、261—262、264—265頁。

出：「物苟有志，強力以與天地競，此古今萬物之所以變。」人正是生物在這種不停的激烈競爭中逐步變化而形成的，生物變至於人以後，這一過程還將繼續下去，人智日漸發展，人將漸漸變成智力遠遠高於今人的超人；反之，人若怠用其智力，文化、文明不求進步，人就可能萎廢而蛻化甚至成為超人的臠膾、駢服。所以，必須通過充分發揮社會各個成員及社會群體的才智，推動文化、文明的不斷發展，人方能繼續向前演變。任何一個民族、人種，都不能例外。

關於古代神權與王權的形成。1898年至次年撰寫的《儒術真論》和《訄書》中《冥契》、《封禪》、《河圖》、《幹蠱》等篇是章太炎從社會學角度分析古代神權與王權形成過程的一批專文，從總的思路到許多具體現象的剖析，都明顯留下斯賓塞爾《論禮儀》一文的烙印。如斯賓塞爾所說尊王、尊神起因於太初強梁者以其威力絕人，以及人自身的不開化，古代人死去之時各種禮儀原於其時人們視死無異於生，等等，章太炎實際上都用中國古代的文獻作了印證和展開。如《冥契》中「自東自西自南自北，凡長人者，必雄桀足以欺其下，以此羑民，是故拱揖指麾，而百姓趨令若牛馬」等語句，則幾乎直接脫胎於《論禮儀》譯文。

關於古代語言和文字的形成與發展。《論進境之理》以「語言文字之變愈繁，其教化亦愈文明」立論，說明語言由簡而繁是一有規律可尋的過程，覃思小學者通過探究文字孳乳歷程，便可把握；又說明文字起源於圖畫，經象形而演變為諧聲。語言文字學本是章太炎的專長，這些論點給他的印象也就比較深。從《訄書》中的《訂文》、《方言》，可以清楚看出章太炎語言學說同斯賓塞爾有關論說之間的聯

繫。

關於法律與諸種制度的形成，古代宗教的形成和演變，以及古代各種禮儀風俗的形成和變遷，斯賓塞爾的許多見解可以說都打開了章太炎的思路。章太炎之所以特別關注這些問題，並寫成《訄書》中《爭教》、《原教》（上、下）、《訂禮俗》、《辨樂》等許多富有新意的著作正在於此。

最後，也是更為重要的，是關於變革、變法的思想。《訄書·原變》集中表現了章太炎如何利用斯賓塞爾來解釋人類社會的運動：人不僅與自然環境相競爭，而且與人本身相競爭。人之相競，首先用工具，石器、玉器、銅器、鐵器代表了古今幾個不同的歷史時期；人之相競，還有禮制，以及人的形體。「競以禮，競以形，昔之有用者，皆今無用者也。」各種禮制的興廢與人體器官的變化，都正是這種不斷競爭的結果。據此，他堅決反對安於現狀，因循守舊，而高度評價「無逸」之說、「合群明分」之義。至於變化、變法所追求的總目標，章太炎後來所堅持的自由觀，即要求世界萬物各從所好、各得自在，不以今非古，以古非今，不以異域非宗國，以宗國非異域，人人得以各適其欲、各修其行、各致其心，和《論禮儀》中所說的不以規模古舊而尊之重之，凡事必協於理而平其等，必使人各自由，各自求其所好，各不侵佔權利，更如出一轍。

除去這些方面以外，給了章太炎以啟迪的，還有斯賓塞爾所運用的用以分析社會現象與社會變遷的語義學方法。1902年8月章太炎在給吳保初的信中曾就此寫道：「頃斯賓薩為《社會學》，往往探考異

言，尋其語根，造端至小，而所證明者至大。何者？上世草昧，中古帝王之行事，存於傳記者已寡，惟文字語言間留其痕跡，此與地中僵石為無形之二種大史。中國尋審語根，誠不能繁博如歐洲，然即以禹城一隅言，所得固已多矣。」[65]章太炎在《訄書》及往後許多著作中，利用他文字音韻學的深厚基礎，用這一方法既廣泛而又貼切，明顯是在步斯賓塞爾後塵。

斯賓塞爾著作的譯述，還有力地刺激了章太炎更加如饑似渴地去研讀其他西學書籍。對章太炎文化觀的形成起了重要作用的，至少還有英國古典文化社會學最著名的學者泰勒的《原始文化》（章太炎譯作《原始人文》），他將文化視作一個包括知識、信仰、藝術、道德、法律、風俗，以及人們在社會裡所得到的能力和習慣在內的複雜整體，從野蠻時代到現代社會，雖有文化退化現象，但占第一位的是不斷進步；有日本宗教哲學家姉崎正治的《宗教學概論》；有芬蘭人類學家韋斯特馬克的《人類婚姻史》（章太炎譯作《婚姻進化論》）；有日本著名社會學家有賀長雄的《族制進化論》。總共至少有一二十種。事實足以證明，章太炎的文化觀，從學理上說，正是以斯賓塞爾學說為其起點並由此前進而形成的。

正在章太炎譯述斯賓塞爾的著作並進行深入思考、反省時，9月21日，慈禧太后葉赫那拉氏一手策劃發動政變。結果，康有為、梁啟超倉皇逃往國外，光緒皇帝被幽禁於瀛台。變法失敗了，譚嗣同、楊深秀等「六君子」為此獻出了自己的生命。

65　《致吳君遂書》（1902年8月8日），上海圖書館藏原件。

打擊來得如此突然，而又如此殘酷，章太炎心中不能不格外沉重。「百日維新」失敗的原因在哪裡？章太炎以「日本西狩祝予」的假名，在《昌言報》第七冊上發表了《書漢以來革政之獄》一文，對漢、唐間多次改革運動失敗的原因進行了總結。這是戊戌新政被取消後，章太炎利用對歷史的熟稔，結合歷史對它進行分析和總結的第一篇文章。

文章首先就東漢靈帝時陳蕃、竇武圖謀誅滅「共相朋結，諸事太后」的宦官曹節、王甫等人，反而遭害一事，評論說：「陳、竇二公，兵符在握，其平日亦非輕脫者，機事不密，制於閹豎。況身非將帥，望非元老，其能免乎？」「身非將帥」、「望非元老」者，顯然暗喻戊戌諸君子。

文章繼述東漢何進圖謀誅滅宦官集團時猶豫不決而被殺事；唐中宗時太子李重俊約集左羽林大將軍李多祚等殺武三思後為中宗所殺事；唐順宗時王伾、王叔文等「內不悅於閹，外不屬於藩鎮，以寡敵眾」，終於遭禍事；唐文宗時李訓、鄭注奉帝命誅殺宦官失敗，李訓以下千數百人被殺，朝廷大權全歸宦官掌握事。文章明確指出：「彗所以除舊佈新也。雖然，不能傷物，則反以自戕。其事非必由變法也。肘腋之間，城社之黨，其據形便也已久，而憤激剽悍者出而圖之，則未有不流血漂鹵者。」這就明確告訴人們，由於守舊勢力盤根錯節，並佔據著有利地位，除舊佈新之際，革新者流血犧牲是無可避免的。

文章還指出，那些「奮身不顧，以除魑魅者」遭害之際，常常要

給加上各種莫須有的罪名，蒙受種種不白之冤。但是，歷史終將使真相大白於天下，使「其事雖不獲平反於當時，而未嘗不平反於後世」。這是對慈禧太后一夥硬加給康、梁等維新派各種罪名公開表示蔑視和否定，宣佈譚嗣同等人之死純屬冤案。

文章還特別憤慨地指出，最可悲的是，當這些革新者為除舊佈新而遭到酷死之時，竟有那麼一些投機者非但不出而伸張正義，反而助紂為虐，「設淫辭而助之攻也」。這裡所暗指的，主要是張之洞、梁鼎芬等人。章太炎曾十分氣憤地對孫寶瑄說：「今日中國之反覆小人，陰險狡詐者，莫如兩湖總督張之洞為甚。民受其殃，君受其欺，士大夫受其愚已非一日，自新舊黨相爭，其人之罪狀始漸敗露。向之極口推重者，皆失所望。甚矣，人之難知也！」[66]梁鼎芬在戊戌政變後，一變過去附和維新運動的態度，一再向清政府表白他早已洞悉康、梁「滅聖欺君」、「心同叛逆」，對維新派落井下石。章太炎後來曾有《梁園客》一詩，對他「鴟餘乞食情無那，蠅矢陳庭氣尚驕；報國文章隆九鼎，小臣環玦系秋毫」[67]的嘴臉，作了辛辣的諷刺。

在聞訊捕拿各報館主筆以後，章太炎處境變得危險起來。他因為曾積極參加維新運動，被清廷列名通緝，在上海已立足不住。經亞東時報館日本人安藤陽洲、山根虎臣介紹，章太炎啟程暫往日本佔領下的我國領土臺灣避難。

66　孫寶瑄：《日益齋日記》，戊戌九月二十四日。
67　西狩（章太炎）：《梁園客》，《清議報》第二六冊。

第二章

章學初創

3.1 哲理初探

1898年12月4日，章太炎到了日本佔領下的臺灣，被聘為《臺灣日日新報》特約撰述。

這時，章太炎關注著康有為、梁啟超等人的行止，中國政治革新道路的選擇。

章太炎寫了一系列文章，揭露慈禧太后「始聽政，則有肅順之獄；將反政，則有朝鮮大院君之獄；複出訓政，則有康有為、譚嗣同之獄」，一貫「惡直醜正」[1]；揭露張之洞「若張之洞，則外托維新，而其志不過養交恃寵。……乃自八月政變，張反倒戈新黨，凡七發密電至京，諂諛長信，無所不至」[2]；至於梁鼎芬、王仁俊、朱克柔等一班人，只不過是一批「自任正學而終於脂韋突梯者」的偽君子，一夥「餔綴糟粕，其黠者則且以迂言自蓋，而詩禮發塚，無所不至」的「拘儒鄙生」[3]。

章太炎的態度，使康有為十分感動，他致信章太炎說：

> 頃者政變，僕為戮人，而足下乃拳拳持正議，又辱書教之，何其識之絕出尋常，而親愛之深耶！[4]

1　菊漢閣主：《書清慈禧太后事》，1898年12月25日《臺灣日日新報》。
2　章炳麟：《黨碑誤鑿》，1899年1月29日《臺灣日日新報》。
3　章炳麟：《〈康氏覆書〉識語》，1899年1月13日《臺灣日日新報》。
4　康有為：《致枚叔書》（戊戌十一月十五日），見1899年1月13日《臺灣日日新報》。

章太炎也明白宣示：他與康有為「論學雖殊，而行誼、政術自合也」，論學也不是沒有相合之處，「所與工部論辯者，特左氏、公羊門戶師法之間耳。至於黜周王魯、改制革命，則未嘗少異也」[5]。

經歷了戊戌變法的失敗，章太炎反清思想變得更為強烈了。在《臺灣日日新報》上，他聲討清朝政府親俄賣國政策將導致「東自大河，西自岡底斯山，其陰則必淪於俄」，其結果，將不僅貽害北方廣大地區，而且將危及整個中國。清朝政府之所以必然奉行這一政策，是清朝統治這個事實本身造成的。他寫道：俄人南侵，「滿、漢之同禍，雖至愚劣，猶將與知之。今慈禧太后之言則曰：『西方之公法，有亡國，無覆宗。吾守吾玩好，蓄吾金幣，甯局促於一畿，而為其役屬之帝。』夫豈能以一人持莠言？固滿、蒙之甘心於為廝養走卒也久矣」[6]。

他在《客帝論》中歷數了清朝統治的種種罪惡，論證了「反滿」是正義的行動。他寫道：

揚州之屠，嘉定之屠，江陰之屠，金華之屠，啗肉也如黑鷟，竊室也如群麕。其他掊發窖藏，掘塚壞陵，而取其金鼎玉杯銀尊珠襦之寶以為儲藏者，不可以簿籍計也。及統一天下，六官猶耦，防營猶設。託不加賦以為美名，而以胡騎之餫餉，刉敝府庫；迨有獄訟，則漢民必不可以得直；迨有劇寇，漢臣賢勞而夷其難，創夷既起，又置其同族於善地，以亂其治。吾義士之謀攘逐者，亦寧有過職乎？

<hr />

5　章炳麟：《〈康氏覆書〉識語》，1899年1月13日《臺灣日日新報》。
6　章炳麟：《論亞東三十年中之形勢》，1899年1月29日《臺灣日日新報》。

但是，他擔心「逐加於滿人，而地割於白人」。同時，對光緒皇帝仍抱有很大希望，認為光緒皇帝已經「椎胸齧臂，以悔二百五十年之過矣」，「彼疏其頑童，昵其地主，以百姓之不得職為己大恥，將登薦賢輔，變革故法，使卒越勁，使民果毅，使吏精廉強力，以禦白人之侮」，所以他又不贊成進行推翻清王朝統治的暴力革命，而建議虛尊孔子為「支那之共主」，光緒皇帝「引咎降名，以方伯自處」，主持實際政務。[7]

更加值得注意的是這段時間，章太炎圍繞著哲理或世界觀問題所進行的探究。

《清議報》從第二冊開始連載譚嗣同的《仁學》，梁啟超在為此書所寫的序言中說：「《仁學》何為而作也？將以會通世界聖哲之心法，以救全世界之眾生也。南海之教學者曰：『以求仁為宗旨，以大同為條理，以救中國為下手，以殺身破家為究竟。』《仁學》者，即發揮此語之書也。」他要讓《仁學》「公於天下」，「為法之燈，為眾生之眼」[8]。從第九冊開始，《清議報》又連載康有為早期哲學著作《康子內外篇》，陸續發表了其中《闔闢》、《未濟》、《理學》、《愛惡》、《性學》、《覺識》等篇。這兩部著作的發表，提出了如何從世界觀的高度批判舊世界和建設新世界的問題。

就在《清議報》開始連載《仁學》的同時，章太炎在《臺灣日日新報》上也發表了一系列哲學論文，如1月8日發表了《視天論》，1

7　臺灣旅客（章太炎）：《客帝論》，1899年3月12日《臺灣日日新報》。
8　梁啟超：《校刻瀏陽譚氏〈仁學〉序》，《清議報》第二冊。

月24日發表了《人定論》，2月19日和21日發表了《摘〈楞嚴經〉不合物理學兩條》等。1月22日他在《答梁卓如書》中曾專論為什麼必須重視哲學方面的研究與宣傳，寫道：

> 來教謂譯述政書為第一義……鄙意哲學家言，高語進步退化之義者，雖清眇闊疏如談堅白，然能使圓方趾知吾身之所以貴，蓋亦未始不急也。[9]

重視哲學的研究與宣傳，歸根到底，是為了「開瀹民智」，使人們從狹隘誣妄的世界觀中解放出來，明瞭究竟應當怎樣正確地認識世界，創造未來。他在談到中國統治哲學的主要支柱天命論的危害時，具體論證了這一點。他寫道：

> 乘飂風而薄乎玄雲之上，視蒼蒼之天者，其果能為人世禍福乎？抑亡乎？……禨祥之說，則上古愚人所以自惑，而聖人因其誣妄以為勸誡。……實驗之學不出，而上古愚人之惑，互千世而不解。是故前乎子厚者，有王仲任，後乎子厚者，有王介甫，其所立說，蓋並以天變為不足畏，而迫於流俗，而時時蒙其訕議。自今之世，有實驗也，而其惑始足以淘汰。然都會而外，然疑未諦，眾不可以戶說。[10]

這裡，章太炎說明了近代實驗科學如何有助於衝破舊的狹隘誣妄的世界觀，顯示了這一時期他的哲學基本趨向。正因為如此，他對

9　章炳麟：《答梁卓如書》，1899年2月5日《臺灣日日新報》。
10　章炳麟：《人定論》，1899年1月24日《臺灣日日新報》。

《仁學》、《康子內外篇》所闡述的一套哲學便不滿意。

　　早在1897年在時務報館時，章太炎就已讀過譚嗣同《仁學》的抄稿，其時便「怪其雜糅，不甚許也」[11]。《清議報》正式發表並大力推薦《仁學》，加上《康子內外篇》，促使章太炎比較系統地對哲學一系列重大問題進行思考與研究。他將《膏蘭室劄記》中用近代科學知識疏證《莊子·天下篇》及《淮南子》中《俶真訓》、《天文訓》、《地形訓》、《覽冥訓》等的條目，以《東方格致》為名，在《臺灣日日新報》上陸續發表；同時，又用疏證和解釋《墨子·公孟篇》的方式，發掘了古代儒學中早已為人們所遺忘的無神論思想，寫成《儒術真論》，並以專講宇宙論的《視天論》、專講進化論的《菌說》，為這篇文章的附錄，首次以「章氏學」署名，寄交《清議報》發表。在這些文章中，他努力吸取西方近代自然科學和哲學知識，細心尋繹中國古代哲學遺產中的精華，對長期統治著人們頭腦的正統哲學展開了批判，同時，也含蓄地對譚嗣同、康有為哲學中的許多論點提出了異議，標誌著章太炎自具特色的學說開始形成。

　　天道觀念是統治者神道設教的理論支柱。所謂「君萬物者莫大乎天」、「天道福善禍淫」，就是宣佈上天決定人間的一切，人絕不可違背天的意志。近代，外國傳教士又帶來了上帝創世和造人的新說教。康有為、譚嗣同反對傳統的天道觀念，主張「以元統天」，說：「元者，氣也，無形以起，有形以分，造起天地，天地之始也。」[12]但是，在這同時，他們又極力把孔子說成「受命於天」，把孔子的話說

11　章太炎：《太炎先生自定年譜》光緒二十三年。
12　康有為：《春秋董氏學》卷四。

成「天之言」，把孔子的主張說成「天之制與義」，利用「天」的古老權威來神化他們所塑造的孔子新偶像，要求人們對這尊新偶像「但觀其製作，服從而已」[13]，這就又重蹈了天道觀念的覆轍。

章太炎早在《膏蘭室箚記》中，就依據西方19世紀天文學的重要成果天體運動理論，指出：「天為積氣，古人已知之。然未明言其旨趣。苟誤認為天自有氣，為萬物之元，則誤矣。……蓋恒星皆日，其旁皆有行星，行星皆地。凡地球不知恒河沙數，每一地球，皆有空氣。自空氣中望外，不甚了了，昔人謂之蒙氣。合無數地球之蒙氣，望之則似蒼蒼者，斯所謂積氣，斯所謂天，仍皆地氣，非自成一氣也。……即蒼蒼之體，亦未嘗於行星外自有一物也。天且無物，何論上帝！」[14]《視天論》和《儒術真論》比之《膏蘭室箚記》對天道觀念的批判又前進了一步。

他指出，只有「視天」，而無「真天」。「萬物之主，皆賴日之光熱，而非有賴於天」。[15]他根據康得的星雲學說，說明瞭天體運動的物理性質：諸天體浮行於太空之中，「以己力繞本軸，以攝力繞重心，繞重心久，則亦生離心力，而將脫其韁鎖」，這裡不存在任何創世者或第一推動力。他斷言宇宙不可能有固定不變的形體，宇宙在空間和時間方面都是無限的，「若是，則天固非有真形，而假號為上帝者又安得其至大之盡限而以為至尊也？故曰：知『實而無乎處』，知

13　康為有：《孔子改制考・序》。
14　《膏蘭室箚記・天》，章氏家藏手稿，《章太炎全集》（一），第292頁。
15　章氏學：《儒術真論》，《清議報》第二十三至第三十四冊連載，又見《清議報全編》卷五。

『長而無本剽』，則上帝滅矣，孰能言其造人與其主予奪殊慶耶？」[16]《莊子‧庚桑楚》說過：「有實而無乎處者，宇也；有長而無本剽者，宙也。」實，指空間的廣延性；無乎處，指無有限制。長，指時間的連續性；無本剽，指沒有最初的起源，也沒有最後的終結。宇宙定形論與宇宙有限論，是上帝創世說與天道觀念在「科學」上的所謂根據，在這裡，被證明完全不能成立。這是利用宇宙的無限性和物質性證明上帝創世說與天道觀念完全違背客觀實際。

章太炎旅台期間，還根據近代胚胎學、生物學和進化論原理，對於生命、物種和人類的起源發展問題進行了專門探究。在《膏蘭室箚記》的《造人說》、《青甯生程程生馬馬生人說》、《海人至肖形而蕃》、《若菌》等條目中，章太炎多次談到過生物進化與人類形成問題，批駁過上帝造人說。旅台期間所撰寫的《菌說》中，徵引了許多文獻，說明了物種進化的自然歷史進程。章太炎指出，在地球上，有機物是由無機物轉化而來的，高級動物又是由最簡單的微生物發展而成的。從無生命的物體演變為有生命的物體，從細菌演變為草木，從低等動物演變為高等動物，從魚演變為鳥，演變為獸，演變為猴子，最後，演變為人。這一系列的發展都是自然歷史過程，其動力是它們自身的「欲惡去就」，即它們自身內在的「愛力、吸力」與「離心力、驅力」的矛盾衝突。正是這種自身所固有的矛盾「相易、相生、相摩，漸以化為異物」，使舊物種演變為新物種，使物質運動由簡單變為複雜，由低級進到高級，這裡絲毫沒有什麼不可思議的神秘力量或

16　菿漢閣主：《視天論》，1899年1月8日《臺灣日日新報》。章太炎手定抄稿，北京圖書館藏。

冥冥主宰。人自身的衍生繁殖，同樣也是一個正常的生理活動過程，「今夫生殖之始，在男曰精蟲，在女曰泡蜑，泡蜑者即胚珠也。夫婦邂遘，一滴之精，有精蟲十數入齧泡而破之，以成妊娠」。這裡，是事物自己創造自己，「非有上帝之造之，而物則自造之」，也沒有造物主存在的任何餘地。[17]

為了進一步說明人的本質並不具有任何神秘性，人生的意義並非不可捉摸，章太炎專門對「乙太」作了考察。「乙太」這一概念，是近代傳教士從西方介紹進來的。笛卡爾假設乙太充滿整個空間，能夠傳遞力和施加力於物體之上。牛頓以來，越來越多的學者將乙太與引力作用、電磁現象、熱輻射的傳播、光的傳播聯繫起來加以研究，設想它是一種滲透到所有物質之中、阻力很小或不受阻力的媒介質，可以通過自身的彈性或振動來傳播上述引力、電力、磁力、熱輻射和光。譚嗣同將乙太引入他自己的哲學，卻將「乙太」說成超越於一切矛盾之上的絕對精神，和孔子所說的「仁」、佛教所說的「性海」、基督教所說的「靈魂」是一個東西，借助於乙太，仁、性海、靈魂給說成先於物質世界而存在並高於全部物質世界。章太炎根據當時西方物理學的最新假設，說明乙太是一種通過自身的振動傳播光波和電磁波的物質，儘管比原子要小得多，但毫無疑問是一種「有形可量」的物質實體，絕對「不得謂之無體」。乙太儘管非常微小，物質無限可分，自然必定還有比它更小的粒子存在。隨著科學的發展，它必定能夠永無止盡地分割為更加微末的質點，比之這些微末的質點，乙太可

17　章氏學：《菌說》，《清議報全編》卷五。章太炎手改抄清稿，原件藏北京圖書館。

算極大。以此，乙太同「邈無倪際」的仁、性海、靈魂沒有任何相似之處。

章太炎對人的欲望、要求、感覺、知性進行了考察。他指出：「蓋有精蟲，外有官骸，而人性始具。」假如官骸全部死亡，只有精蟲仍然活著，那麼，人的聲、色、香、味等各種欲望就將不復存在，只剩下精蟲追逐異性的欲求。「今人之死也，則淡、養、炭、輕（氮、氧、碳、氫）諸氣，鹽、鐵、磷、鈣諸質，各散而複其流定之本性，而人之性亡矣。」[18]人們的知識水準之所以有高下之分，既有父母遺傳的作用，更有後天因素的影響：「大抵形體智識，一成不移，而形之肥瘠，識之優劣，則外感相同，可入熔冶。不移者由於胚珠，可移者由於所染。」[19]「一人之行，固以習化，而千世之性，亦以習殊。……故學可以近變一人之行，而又可以遠變千世之質。」[20]

在從自己的哲學引申出政治結論時，章太炎強調的是「天為不足稱頌，而國命可自己制」，「一人則成虧前定，而合群則得喪在我」[21]。他指出了面臨國家危亡的嚴重危機，應當依靠合群的力量來掌握和扭轉國家與民族的命運。在說到具體辦法時，他所歸結的只是相當籠統的「合群明分」，說「苟能此，則無不自立」[22]，不過，在認識世界這個根本問題上，他既然堅持了比較清醒的唯物主義，這就為他在新的社會政治風暴面前能夠冷靜地檢討自己往昔的立場，堅持真

18　章氏學：《菌說》。
19　章氏學：《儒術真論》，《清議報全編》卷五。
20　章氏學：《菌說》。
21　章氏學：《儒術真論》，《清議報全編》卷五。
22　章氏學：《菌說》，《清議報全編》卷五。

理，修正錯誤，繼續前進，提供了思想基礎。

3.2 《訄書》初刻

章太炎赴台已經半年，但是，關於國內鬥爭的實況消息太少，臺灣又缺乏志同道合的朋友，章太炎有一種說不出的寂寞之感，遂於1899年6月10日離基隆前往日本。

在日本，他遊覽了神戶、京都、名古屋、東京。

他受到梁啟超殷勤的接待。梁啟超就時務報館發生的那場衝突向他表示了歉意，給他介紹了在日活動的情況，使他深受感動。在致汪康年書中，他就此事寫道：「伯鸞舊怨亦既冰釋，渠于弟更謝血氣用事之罪。松柏非遇霜雪不能貞堅，斯人今日之深沉，迴異前日矣。」[23]

經由梁啟超介紹，他會見了孫中山，但只交談一次，相知不深。他在致汪康年書中說：「與公亦在橫濱，自署中山樵，嘗一見之。聆其議論，謂不瓜分不足以恢復。斯言即流血之意，可謂卓識。惜其人閃爍不恒，非有實際，蓋不能為張角、王仙芝者也。」[24]中國不經過流血鬥爭，很難有革新成功的希望，在這一點上，他與孫中山有著同樣的結論；他引為遺憾的是孫中山不能成為張角、王仙芝那樣的民眾起義領袖。

23　章炳麟：《致汪康年》（己亥六月十日），上海圖書館藏。
24　章太炎：《致汪康年》（己亥六月十日），原件，上海圖書館藏。

1899年8月底，章太炎秘密回到上海。不久，他為逃避清廷耳目的追尋，返回浙江，「時徘徊湖上，間亦至余杭小駐，行蹤詭秘」[25]。

　　這時，他讀到蘇輿所編的《翼教叢編》一書。這本書彙集了朱一新、王仁俊、葉德輝、蘇輿等人攻擊與誹謗康有為、孫中山的一批文章，出版於1898年10月。蘇輿在為這部書寫的序言中大罵康、梁：「偽六籍，滅聖經也；托改制，亂成憲也；倡平等，墮綱常也；伸民權，無君上也；孔子紀年，欲人不知有本朝也。」並說：「邪說橫溢，人心浮動，其禍肇於南海康有為。」章太炎撰寫了《〈翼教叢編〉書後》與《今古文辨義》，進行反擊。

　　在這兩篇文章中，章太炎廣徵博引，說明中國學者之疑經絕非肇始於康有為，王充的《問孔》，劉知幾的《惑經》，程顥和程頤分別改變《大學》文字次序而編成兩種《大學》定本，朱熹不承認《孝經》為正式經書，等等，都開了康有為之先河。他詰責那些對程、朱理學「方俯首鞠躬之不暇」的封建衛道士們：「不罪程、朱而獨罪康氏，其偏枯不已甚乎？」[26]他指出，經今古文學在學術上確有分歧，但借反對經今文學而攻擊新黨，否定革新，則屬「經術文奸之士」、「陷阱之黿」，將為人們所不齒。[27]

　　這些時日，他所做的最重要的一件事，是又埋首書案，夜以繼日，將《訄書》殺青付梓。

25　章太炎：《致汪康年》（己亥八月三十日），原件，上海圖書館藏。
26　章炳麟：《〈翼教叢編〉書後》，《五洲時事彙報》第三冊，該刊浙江省圖書館藏。
27　章炳麟：《今古文辨義》，《亞東時報》第十八冊。

《訄書》於1900年1月初步編定。書首有識語代序，云：

幼慕獨行，壯丁患難。吾行卻曲，廢不中權。逑鞠迫言，庶自完於？皇漢辛丑後二百三十八年十二月章炳麟識。[28]

皇漢辛丑年，為南明永曆十五年，西曆為1661年，是年南明滅亡。皇漢辛丑後二百三十八年，為光緒二十五年己亥，西曆為1899年。而己亥十二月，西曆則為1900年1月1日至30日。《訄書》書首識語當寫於這時。但是，這部著作最後殺青，當在這稍後一些時候。《訄書》中《帝韓》一文說到「自永曆喪亡，以至庚子，二百三十九年」，庚子年當西曆1900年1月31日以後方才開始，是知《訄書》識語寫後付刻以前又有增補。以「皇漢」紀年，而不用「光緒」，是政治上已站在清王朝對立方面的明白宣示。

「逑鞠迫言」這四個字，給《訄書》這一書名作了詮釋。逑的意思是聚合，鞠的意思是困苦，迫的意思是急迫、迫不及待。這是面臨各種危機困苦交匯而來發出的急迫之論。

《訄書》是章太炎第一部論學論政的綜合著作，也是他所創立的「章氏學」的一部奠基之作。全書正文五十篇，主要包含以下四個方面的內容：

一、以打破儒家思想獨尊地位、宣導復興諸子學為目標的一組先秦學術史論，包括《尊荀》、《儒墨》、《儒道》、《儒法》、《儒俠》、《儒

28　章太炎：《訄書》，1900年木刻本書首第3頁。

兵》和《獨聖》等篇;

二、以反對唯心主義和神道設教、探究新的世界觀為主要目標的一組哲學論文,包括《公言》、《天論》、《原變》、《冥契》、《封禪》、《河圖》、《榦蠱》、《訂實知》等篇;

三、以「反滿」、反對歐美列強侵略和建立獨立民族國家為中心的民族論,包括《原人》、《族制》等篇;

四、分析中國歷史與現狀進而討論如何改革中國社會的一組論文,其中《平等難》、《喻侈靡》、《明群》、《明獨》等篇結合中國社會史主要討論社會關係的變革;《播種》、《東方盛衰》、《蒙古盛衰》、《東鑒》等篇結合國際關係史主要討論變革總形勢;《客帝》、《官統》、《分鎮》、《不加賦難》、《帝韓》等結合中國政治史主要討論政治制度的變革;《商鞅》、《正葛》、《刑官》、《定律》等結合中國法制史主要討論立法與司法的變革;《改學》、《鬻廟》等結合中國教育史主要討論教育改革;《弭兵難》、《經武》等結合軍事史、戰爭史主要討論國防與軍事問題;《爭教》、《憂教》等結合宗教史主要討論對付列強宗教侵略和正確對待反洋教鬥爭的問題;《明農》、《制幣》、《禁煙草》則結合經濟史主要討論經濟變革問題。

這些論文,有不少篇過去曾以同樣題目或別一題目在報刊上公開發表過,但是,在收入本書時,大多數都作了一些補充修改。從以上篇目和編次可以看出,《訄書》並非一批論文簡單的彙集。五十篇文章從歷史到現實,從一般原理到具體主張,從批判到建設,組成了一個結構相當嚴密的理論體系。

在近代中國，《訄書》首次較為系統而明確地在認識論領域中提出了唯物主義的反映論。《公言》上、中、下三篇集中探討了這一問題。

所謂「公言」，指的是人們共同的認識、公認的命題、普遍承認的公理。章太炎指出，「公言」之所以產生，是因為認識起源於感覺，而感覺又是人的感官對外界事物的反映，共同的認識根源於由共同的環境、共同的生理條件形成的共同經驗。「黃赤、碧涅、修廣以目異，徵角、清商、叫嘯、喝於以耳異，酢爍、甘醲、苦澀、雋永百旨以口異，芳苾腐臭、腥臊膻朽以鼻異，溫寒、熙溫、平棘、堅疏、枯澤以肌骨異，是以人類為公者也。」[29] 種種不相同的色、聲、味、香、觸，之所以能為人們所感知並獲得相同的結論，是因為人們有相同的目、耳、口、鼻、身等感覺器官，它們有相同的感覺辨別的功能，對同一外界事物便能作出同樣的反映。感覺器官機能不健全的人對一些現象不能如實地反映，外界事物還有大量現象為人們的感覺器官所不能直接感知，這就需要通過判斷和推理，使個別上升到一般。他曾舉光為例：日光有七色，七色之外尚有「幻火變火」，眼睛不能直接感受，但它們是客觀存在，「不見其光而不得謂之無色，見者異其光而不得謂之無恆之色，雖緣眸子以為薮極，有不緣者矣」。人們的眼睛感覺能力有限制，但是，可以通過物理學的實驗和生活實踐加以認識。比如，借助於三棱鏡，可知「日色固有七，不岐光則不見也」；通過「幻火、變火」能夠熔金鐵這一事實，可確定「幻火、變

29　章太炎：《公言》中，《訄書》初刻本，第7頁。

火」即今所謂紫外線、紅外線確實是客觀的存在。[30]這些事實正又足以證明，人類的見聞其實還是相當有限的，尚有無數的事物還沒有為人們所認識，例如天體運動，包括整個銀河系的運動和其他無數星系的運動，就有許多規律是人們現在還沒有掌握的。瞭解了人類認識的來源及其限度，我們便可懂得，絕不可因為人們尚未充分地認識，便否認客觀世界有其確定的本質、固有的規律，更不可將只在有限範圍內得到證實的正確認識無限制地擴大其適用的範圍，無條件地到處套用，甚至臆造一些游離於人的感性與理性認識之外的「公理」、「規律」，強加給客觀世界。那些專制主義的政治統治者，「蒞事不下於簟席，不出於屏攝」，閉目塞聽，自然「不能從大共以為名」，與民意公言相違背；而那些宗教之士，「劐取一陬，以杜塞人智慮，使不獲知公言之至」，勢必使「進化之機自此阻」[31]。

由於在認識論方面有了重要的進步，在對有神論和封建神道設教的批判方面，《訄書》比之《儒術真論》便有了新的突破。其最顯著的特徵，便是除去《天論》篇概括敘述了《視天論》與《儒術真論》有關天體運動的觀點，駁斥了天命論外，《冥契》、《封禪》、《河圖》、《榦蠱》等文章把對封建神學的批判同對封建專制主義政治的批判緊緊結合起來。

《冥契》高度評價了黃宗羲《明夷待訪錄》「天子之于輔相，猶縣令之于丞尉，非復高無等，如天之不可以階級升也」的觀點，指出：「挽近五洲諸大國，或立民主，或崇憲政，則一人之尊日以殺

30　章太炎：《公言》中，《訄書》初刻本，第8頁。
31　章太炎：《公言》中，《訄書》初刻本，第9頁。

損，而境內日治。」[32]既然事實已經證明黃宗羲這一觀點是正確的，那麼，為什麼「中夏之王者，謂之天子」，「而創業之主，其母必上帝憑身以儀之」呢？印度、歐洲、阿拉伯又分別借帝釋、天主、天方之神以神聖其國王，那又是為什麼呢？章太炎說，這是因為要借助於神話與迷信來欺騙人民，讓人民供他們驅使：「自東自西自南自北，凡長人者，必雄桀足以欺其下。以此羑民，是故拱揖指麾，而百姓趨令若牛馬。」[33]

古代帝王有所謂封禪大典。封建帝王須築壇祭告於天，向上天祈福。這一典禮給說成君權神授的鐵證。《封禪》指出，上古時期，中原地區各部落為了防備淮夷、徐戎，「因大麓之阻，累土為高，以限戎馬」，「設險守固」，所以那時「封禪為武事，非為文事」。後來，封禪方才由統治者給籠罩上一層神秘主義色彩，因為這些統治者有鑒於「彼夷俗事上帝」，故「文之以祭天以肅其志，文之以祀後土以順其禮，文之以秩群神以礐其氣」。再後，「三王接跡，文肆而質，而本意浸微，喪其本意」，封禪便完全失去原先的軍事實用價值，演變為一種純然使君權神化的宗教儀式。[34]

古代又有「河圖」的傳說，說伏羲氏時黃河中曾躍出一匹龍馬，身負八卦圖，它的出現預示著聖王將要出世，天下將太平。這也被引作君權神授的鐵證。《河圖》說，所謂「河圖」，很可能本是一塊繪有古地圖的石頭，失落在河中，「伏羲得之而以為陳寶」，因為從中

32　章太炎：《冥契》，《訄書》初刻本，第22頁。
33　章太炎：《冥契》，《訄書》初刻本，第23頁。
34　章太炎：《封禪》，《訄書》初刻本，第23—24頁。

可以「知地形阨塞」。這中間，根本沒有什麼不可思議的神異的因素。以「河圖」的出現論證君權神授，純屬無稽之談。[35]

在這一組文章中，章太炎還進一步研究了古代鬼神崇拜產生的歷史根源和認識根源。他指出，遠古時代，人們對變幻莫測的自然現象不能作出科學的解釋，在巨大的自然力壓抑下感到自卑與脆弱，便把自然力臆想為不可思議的神力，對它加以頂禮膜拜，希冀得到它的護佑與幫助，於是產生了鬼神崇拜。「當是時，見夫蕪黃之萎于燕，鯨魚彗星之迭相為生死，與其他之眩不可解者，而以為必有鬼神以司之，則上天之祭，神怪魑頭之禓祓，自此始矣。馮蠵者，大龜也，以為河伯；海若者，右倪之龜也，以為瀛之神……而聖人亦下漸之以行吾教。是故伏曼容曰：『萬物之始生，必由於蠱。』」[36]這些論點，將對封建神權的批判大大推進了一步。

《菌說》、《儒術真論》等文已經顯示出，在用進化論解釋自然界和人類的發展方面，章太炎已經超出了同時代許多思想家。而《訄書》在這方面則又前進了一步。其中最突出的是《原變》一文。章太炎在這篇文章中明確指出：「物苟有志，強力以與天地競，此古今萬物之所以變。變至於人，遂止不變乎？人之相競也，以器。……石也，銅也，鐵也，則瞻地者以其刀辨古今之期者也。」這裡突出了生產工具的變化在人類發展變化中的重要作用，當然，生存競爭，在他眼中仍然是社會進化的基本原則。他強調說：「競以器，競以禮，昔之有用者，皆今之無用者也。……競以禮，競以形，昔之有用者，皆

35　章太炎：《河圖》，《訄書》初刻本，第24—25頁。
36　章太炎：《榦蠱》，《訄書》初刻本，第26頁。

今之無用者也。」生產工具也好，禮儀制度也好，人的形體也好，隨著社會的變化和人類的發展，它們都是舊的不斷被淘汰，新的不斷地產生。《原變》還進一步討論了《菌說》考察過的一個老問題：動物進化到人以後，「遂止不變乎」？章太炎說，人還繼續會變，而且還可能退化。文明民族如果失去競爭能力，就不可避免地要退化。為了增加民族競爭能力，章太炎大聲疾呼，必須大興「無逸」之說，大立「合群明分」之義，振奮民族精神，加強民族內部的團結。[37]

在《族制》一文中，章太炎又用1884年方由英國人類學家迦爾敦創立的優生學理論和斯賓塞爾以來社會達爾文主義的生存競爭學說來解釋民族的興亡盛衰。他引用遺傳規律指出：「核絲之遠近，蕃萎系焉；遺傳之優劣，蠢智系焉；血液之均雜，強弱系焉；細胞之繁簡，死生系焉。」然而，僅僅依靠自然的遺傳還不足以決定民族盛衰興亡的命運。「性猶竹箭也，括而羽之，鏃而弦之，則學也。不學，則遺傳雖美，能蘭然成就乎？」[38]要使優秀的遺傳品質得以發揮其作用，還需要後天的努力。「今吾中夏之氏族，礧落彰較，皆出於五帝。五帝之民，何為而皆絕其祀也？是無他，夫自然之淘汰與人為之淘汰，優者必勝而劣者必敗。」[39]正因為如此，他指出，要增強民族的競爭能力，必須利用遺傳規律與優生學原理，「去其狼戾而集其清淑」，並不斷實行社會政治革新。[40]

在作為《訄書》結語的《獨聖》篇中，章太炎進一步探討了萬物

37　章太炎：《原變》，《訄書》初刻本，第19—21頁。
38　章太炎：《族制》，《訄書》初刻本，第32—33頁。
39　章太炎：《族制》，《訄書》初刻本，第33頁。
40　章太炎：《族制》，《訄書》初刻本，第34頁。

變化的動力和根源。他寫道：「天地之間，非愛惡相攻，則不能集事。」他又寫道：「屈申者，晦明之道也。屈甚而晦，申甚而明。古者不言神，亦不言申，而統之以申。非戰鬥無申，非申無明，萬物之自鼓舞者然也。」[41]在這裡，他不僅確認對立面的鬥爭是萬物變化的動力，是實現矛盾轉化和使舊質向新質飛躍的動力，而且確認這種矛盾、這種對立面的鬥爭，都產生於萬物內部，它們不是從外面強加給萬物的，所謂「萬物之自鼓舞者然也」，就是確認矛盾與鬥爭都基於萬物自身內在的必然性。這些認識，無疑是相當深刻的。

從哲學轉向社會學，章太炎構建了以「反滿」、反對歐美列強侵略和建立民族國家為目標的民族論。

章太炎把人類形成的自然史當作他的民族論的出發點。他說，物種進化的過程，是從無生命到有生命，從原始的生物到高級的生物。所有種族的人，都是從魚一步步進化而成的。「赭石、赤銅著乎山，菩藻浮乎江湖，魚浮乎藪澤，果然，玃狙攀援乎大陵之麓，求明昭蘇而漸為生人。人之始，皆一尺之鱗也。」可是，不同種族的進化歷程並不一致，進化較早而較速的民族比較文明，而進化較晚並較緩的民族則比較野蠻，「化有早晚而部族殊，性有文獷而戎夏殊」[42]。這樣，便出現了文明民族與野蠻民族的差別。

據此，章太炎把世界諸民族分作文明民族與野蠻民族兩類。他說，華夏民族與歐美民族「皆為有德慧術知之氓」；而歐美的生蕃，

41　章太炎：《獨聖》上，《訄書》初刻本，第96頁。
42　章太炎：《原人》，《訄書》初刻本，第13頁。

亞洲的戎狄，「其化皆晚，其性皆獷」，「其種類不足民，其酋豪不足君」，都還沒有真正脫離動物狀態。[43]他這裡所貶斥的，其實主要是指滿族。滿族，從上古時代起，就是中華民族的一個成員。從虞舜、夏禹到西漢，稱肅慎、息慎；東漢、魏、晉時，稱挹婁；南北朝時，稱勿吉，隋、唐時音轉為靺鞨；宋、元、明間，稱女真，明末改稱滿族。至遲在西周時，已臣服於中原王朝；唐朝曾在他們世代居住的黑龍江兩岸設置了郡縣。十二、十三世紀間，他們建立了本民族的王朝金朝，後來，又處於元、明管轄之下。在漫長的歲月中，他們和漢族及其他民族一起，對中華民族文明的發展作出過可貴的貢獻。17世紀初，居住在綏芬河流域的建州女真首領努爾哈赤和其子皇太極起兵反抗明王朝的腐敗統治，建立了清王朝，於1644年入關，取明王朝而代之，滿族因之成了中國的統治民族。章太炎將滿族斥為「索虜」、「戎狄」、「烏桓遺裔」，以滿族原先在經濟上、政治上和文化上較為落後為理由，將滿族列入「野蠻民族」之列，斷言滿族對全國的統治違背了歷史的合理性，阻礙了中華民族的進化，致使中國在世界各文明民族的生存競爭中處於劣勢。

當年，王夫之在《黃書》中說過，寧可失位於賊臣，不可失國於外族。章太炎利用這一論點來論證建立獨立的民族國家的必要性。他說：「凡大逆無道者，莫劇篡竊。篡竊三世以後，民皆其民，壤皆其壤，苟無大害於其黔首，則從雅俗而後辟之亦可矣。異種者，雖傳銅瑉至於萬億世，而不得撫有其民。何者？位蟲獸於屏扆之前，居雖崇，令雖行，其君實安在？虎而冠之，猿狙而衣之，雖設醮醴，非士

43　章太炎：《原人》，《訄書》初刻本，第13—14頁。

冠禮也。」[44]

野蠻的「戎狄」君臨於中國為不合理，文明的歐美諸族也絕對無權入侵中國和宰製中國。他指出：中國，是中華民族的中國，對於那些征服者，「安論其戎狄與貴種哉？其拒之一矣！」[45]一個國家如果已經為異族所統治，那麼，就應當通過全民族的鬥爭，推翻這一統治，建立本民族的獨立國家，「興復舊物，雖耕夫紅女，將與有責焉！」[46]

民族，這是一個歷史的範疇。近代民族，是近代社會的必然產物和必然形式。為了使商品生產獲得完全勝利，必須建立統一的國內市場，使操著同樣語言的民眾所居住的國家在政治上獲得統一和獨立，這就推動了近代民族運動的發展。這種民族運動，喚起民眾從宗法制的蒙昧狀態過渡到民族進步，過渡到文明的和政治自由的國家。章太炎求助於進化論、優生學和社會達爾文主義，不可能正確認識民族問題的本質，對滿族的態度更不能說是客觀與公平。滿族儘管當時是統治民族，享有不少特權，但維護封建主義和列強在華利益的，畢竟只是人數不多的一批掌握權柄的滿漢貴族。將滿族與國內其他少數民族統統斥之為「戎狄」，醜化他們，表現了傳統的大漢族主義在章太炎身上留下了很深的烙印。

《訄書》中具體討論應當如何改革中國社會的近三十篇論文，清楚地顯示了章太炎這一時期所關注的範圍是多麼廣闊。

44　章太炎：《原人》，《訄書》初刻本，第15頁。
45　章太炎：《原人》，《訄書》初刻本，第17頁。
46　章太炎：《原人》，《訄書》初刻本，第16頁。

關於社會關係的變革，章太炎說：「平等之說，非撥亂之要也。」[47]「民主……不可以迕行於今之震旦。」[48]他認為，君臣、父子、男女，都不可能做到絕對平等，因為他們之間的差別是無法根本取消的。即以君臣關係而言，「古者謂君曰林烝，其義為群。此以知人君與烝民等。其義誠大彰明較著也」，然而，就實際權力而言，君民之間卻必然有很大不同，「雖號以民主，其崇卑之度，無大殊絕，而其實固已長人」[49]。在這裡，章太炎所反對的，其實主要是反映小生產者意願的關於普遍平等的空談。他認為，針對古代印度將人們分作婆羅門、刹帝利、毗舍、首陀羅四個等級的情況，針對中國南北朝時門第之說盛行、右膏粱而左寒畯的情況，提倡平等之說，足以救敝。可是，中國現在問題癥結是安於現狀，民無所競，沒有生氣，缺乏強大的前進動力。要打破這種現狀，正需要大力鼓勵人們的自由競爭。他說：「顧勢也，浸久而浸文明，則亦不得不浸久而侈靡。」而所謂侈靡，就是「適其時之所尚，而無匱其地力人力之所生」。「其用未侈靡，則呰窳偷生而已足。然而人非草形之蟲矣，慧亦益啟，侈亦益甚，則定質之棄於地，與諸氣諸味之棄於地外者，必將審鑒機數以求之。」這樣就推動了工商業的發展，並形成人與人之間、國與國之間的輕重之勢，「侈靡則日損，損則日競，競則日果，是兵刃之所以複而自拯之道也」[50]。他謳歌「維多利亞……大風播乎中國」[51]，希望

47　章太炎：《平等難》，《訄書》初刻本，第31頁。此文曾發表於《經世報》第二冊，題作《平等論》，編入本書時作了修改。
48　章太炎：《明群》，《訄書》初刻本，第44頁。此文據《變法箴言》一部分改寫而成。
49　章太炎：《平等難》，《訄書》初刻本，第30—31頁。
50　章太炎：《喻侈靡》，《訄書》初刻本，第35—36頁。此文曾發表於《經世報》第三冊，題作《讀〈管子〉書後》，編入本書時作了修改。
51　章太炎：《喻侈靡》，《訄書》初刻本，第37頁。

用自由競爭的充分發展打破中國早已停滯、凝固與僵硬了的封建社會秩序；他熱烈地要求個性解放，激烈地反對封建奴性；他主張建立強大而有權威的國家機器來推動改革，強調絕不可容許那些「守故之士」藉口「民主」而置喙⋯⋯所有這些都說明，章太炎希望在經濟關係、政治關係和社會關係方面都進行一場大變革。

然而，關於社會變革的這一組文章又清楚表明，章太炎對於中國傳統社會關係的頑固性嚴重地估計不足。他不瞭解建立在小生產的私有制基礎上的宗法家長制正是傳統社會關係的主要紐帶，為了說明當務之急是要樹立那些立志維新的「學士」權威，而不是空談「民主」，讓頑固分子任意阻撓革新，章太炎竟十分肯定地聲稱：「吾九皇六十四民之裔，其平等也已夙矣。」[52]「今夫人以中夏為專制，顧其實亦民主已。」[53]這些論斷，實際上美化了專制主義嚴酷統治的現實。關於中國歷史發展與變革的總趨勢，章太炎說：中國要很快轉為強盛，是十分艱難的，一個極為重要的原因，就是因為中夏「分郊而治，其民不相知。自齊、魯以視滇、蜀，幾若裔夷」[54]。他說：「地大而人庶，則其心離；其心離，則其志賊；其志賊，則其言牦牛京，其行前卻。故以一千四百州縣之廣袤，各異其政教雅頌者，百蹶之媒也。」[55]在此情況之下，當然不能幻想朝夕之間可以成功，而應該努力於播植日後復興的種子，「譬如殖彀，殖之不必獲，不殖則必審其不獲矣」[56]。他強調說，即使只能在局部地區、局部方面實現變革，

52　章太炎：《平等難》，《訄書》初刻本，第30頁。
53　章太炎：《明群》，《訄書》初刻本，第45頁。
54　章太炎：《東鑒》，《訄書》初刻本，第58頁。
55　章太炎：《東鑒》，《訄書》初刻本，第57頁。
56　章太炎：《播種》，《訄書》初刻本，第50頁。本文系據《變法箴言》一部分改

那也應該爭取，因為它將為日後全面復興提供較多的條件，「若夫今日之支那，則雖漚菅者亦知其必喪也。然而變之則可完數省以待來者，不變則喪者以殲，姚、姒以絕，文命之九州以滅，後雖有武丁，何以藉手？」[57]他吸取前一年在東京與孫中山會見時孫中山所提出的一個論點，斷言：「吾觀於中國、日本之盛衰，而後知重鉅者難為興，銳小者難為替。」「中國今日之存滅，吾弗知也。後有哲王，必起于分裂之季。」[58]

根據《訄書》的民族論，章太炎在討論如何改革政治制度時，不承認清王朝的統治具有歷史的或民族的合理性。他說：「同類君其國，則謂之帝；異類君其國，則謂之簒。……以臣奪君者，曰簒一姓之神器；以異類奪中夏者，曰簒萬億人之分地。」[59]清王朝當然置於「簒」者之列。他還特地通過滿族貴族和旗民的寄生性，論證這些簒竊者甚於大盜：「竊人之財，猶謂之盜。今其婦人未嘗刺韋作文繡，織婁毛毻，其男子未嘗作弓矢鞍勒，鍛金鐵為兵器，以自澹給，而浮食於民，曆八世無酬醋，是恣其劫略而不憂名捕於有司也，於盜甚矣。」[60]但是，這時他仍保留了前一年所提出的「客帝」主張，「自古以用異國之材為客卿，而今始有客帝。客帝者何也？曰：如滿洲之主震旦是也。」[61]為了保證變革的推進，章太炎還要求對整個官吏選拔與任用制度進行一番重大的改革。他說：「夫遭時阽危，則藪澤之

寫而成。

57　章太炎：《播種》，《訄書》初刻本，第50頁。
58　章太炎：《東鑒》，《訄書》初刻本，第57、59頁。
59　章太炎：《蒙古盛衰》，《訄書》初刻本，第54頁，原載《昌言報》第九冊，題作《蒙古盛衰論》。
60　章太炎：《不加賦難》，《訄書》初刻本，第71頁。
61　章太炎：《客帝》，《訄書》，第61—62頁。

才者，必盛于平世。」為了發現這些人才，並使他們得以充分發揮其聰明才智，章太炎要求用推舉、自薦等辦法取代舊式的科舉和單憑學堂的學歷。為了集思廣益，他主張，在建立議會之前，應當鼓勵人們勇於上書提出建議，「語無取翔博，言無取成文典，苟便於事，蹠之粘牡，越人之不龜手，方傴僂以承之；若其勿便，雖不愆于舊章，蜚蓬之問，三王所不賓」[62]。為了防止「滿洲貴族」利用東北與北京距離相近的方便挾制朝廷，他建議遷都武漢；鑒於中央政權過於軟弱，為防止列強挾制中央而號令全國，他建議「封建方鎮」，加強各個大區域的地方分權，「若是則外人不得挾政府以制九域，冀少假歲月以修內政，人人親其大吏，爭為效命，而天下少安矣」[63]。

關於立法、司法等問題，章太炎所探討的中心問題，就是如何保證法治的實行。他高度地評價了商鞅，讚揚他能夠「盡九變以籠五官，核其憲度而為治本，民有不率，計畫至無俚，則始濟之以攫殺援噬。而對於漢武帝時張湯、趙禹那樣一些「刀筆吏」專借法令「以媚人主，以震百辟，以束下民」，「以稱天子專制之意」，他則痛加斥責[64]，強調這些「刀筆吏」與實行法治恰好不相容。在司法方面，他提出必須堅持「刑官獨與政府抗衡，苟傅於辟，雖人主得行其罰」[65]，確保司法獨立，確保人人在法律面前平等。

《弭兵難》與《經武》二文專門討論了武備與國防的問題。章太炎對於俄、美等列強所鼓吹的「裁軍」嗤之以鼻。他指出，「今以中

62　章太炎：《官統》，《訄書》初刻本，第64頁。
63　章太炎：《分鎮》，《訄書》初刻本，第68頁。
64　章太炎：《商鞅》，《訄書》初刻本，第74頁。
65　章太炎：《刑官》，《訄書》初刻本，第78頁。

國之兵甲與泰西諸強國相權衡，十不當一，一與之搏擊，鮮不潰靡」，其他弱小國家也是如此，在這種情況下，不問青紅皂白，同樣裁軍，只能是「特假強國以攘奪之柄」[66]。他認為，在進入「大同之世」之前，無論是與異國相交，還是在國內謀求變政，都必須有強大的武裝力量為後盾，在這方面，絕不能書生氣十足，徒托空言：「夫家有楗柲而國有甲兵，非大同之世則莫是先矣。苟釋其利，而倚簟席以謀天下，以交鄰國，則徐偃王已；以臨禁掖，則李訓、鄭注已。」[67]

《改學》討論教育改革問題，要求不僅注重武備、工藝教育的發展，還應重視政治、法律人才的培養。《爭教》與《憂教》二文憤怒揭露列強正轉而提倡中國傳統的儒學，用以奴化中國人民，呼籲人們警惕。《明農》、《制幣》等文探討經濟改革問題，要求重視農業的發展，改革幣制，促進工商業的繁榮，以便使「神州之商，潼瀗蔚薈，相集相錯，以成大群」[68]。

《訄書》初刻本以《尊荀》篇居首，以《獨聖》篇作殿。「尊荀」，是為了引導人們從遵祖宗之制改向法後王。先秦學術史論各篇，論證儒學與諸子學的關係，比較它們之間的短長，也是為了引導人們掙脫傳統觀念的網羅。

綜合以上內容，可以看出，章太炎在《訄書》中所構造的理論體系，具有豐富的社會內容，強烈的現實性，鮮明的民主主義色彩，同

66　章太炎：《弭兵難》，《訄書》初刻本，第82—83頁。
67　章太炎：《經武》，《訄書》初刻本，第84頁。
68　章太炎：《制幣》，《訄書》初刻本，第91頁。

時，又處處表現出因襲的重擔在他身上留下的印痕。

《訄書》最初由祝秉綱轉請毛上珍刊印出版，扉頁由梁啟超題名。初刻本為五十篇，不久，再次印刷，增補附錄兩篇，一為《學隱》，評論魏源學說，二為《辨氏》，論述我國古代氏族的由來及其演變的歷程，後來在《訄書》修訂本中改名《序種姓》下篇。

1900年4月17日，嚴復曾有一書覆章太炎，說：「前後承賜讀《訄書》及《儒術真論》，尚未卒業。昨複得古詩五章，陳義奧美，以激昂壯烈之均，掩之使幽，揚之使悠。此詣不獨非一輩時賢所及，即求之古人，晉、宋以下可多得耶？」在逐一評介滬上各著名文士如張元濟、汪康年、唐才常等人之後，嚴復對章太炎更推崇備至，說：「至於寒寒孜孜，自辟天蹊，不可以俗之輕重為取捨，則舍先生，吾誰與歸乎？有是，老僕之首俯至地也。」[69]嚴復對章太炎的這段評語，可視作當時中國思想界一位巨人對「章氏學」第一部代表作《訄書》的評價。

3.3 「反滿」政論

1900年1月24日，西太后根據榮祿等人所獻的密計，宣佈立端王載漪的兒子溥儁為「大阿哥」，準備1月31日即舊曆正月初一日廢黜光緒皇帝載湉，立溥儁為帝。消息傳出後，各界人士都受到很大震動。1月27日，上海電報局總辦經元善聯合各省寓滬紳商1231人急電

69　嚴復：《致章枚叔》（庚子三月十八日），章氏家藏原件；見《章太炎選集》（注釋本），第112—113頁。

北京，說：「昨日卑局奉到24日電旨，滬上人心沸騰。探聞各國有調兵幹預之說，務求王爺中堂大人公忠體國，奏請皇上力疾臨禦，勿存退位之思，上以慰皇太后之憂勤，下以弭中外之反側。宗社幸甚，天下幸甚。」葉瀚、丁惠康、唐才常等皆列名於後，章太炎之名亦列於其中，儘管事前並沒有徵求過他的同意。

西太后廢立計畫受挫，極為惱怒，下令緝捕經元善和其他一些列名者。經元善在英國傳教士李提摩太保護下逃往澳門，章太炎則處於危險之中。浙江維新名士湯壽潛建議他致書梁鼎芬，「冀為藩援」。湯壽潛還親自給梁鼎芬寫了信，說明經元善通電中章太炎之名為別人妄署，致獄過冤。章太炎「錯愕變色」，直率地責備湯氏「體曲為朋友謀，誠誼士，抑遠離乎愛人以德者矣」。為了表明自己的心跡，他特地寫了一封公開信[70]，說明自己寧可入獄，亦絕不向梁鼎芬之流無恥文人乞援求助，表現了他疾惡如仇的倔強性格和寧可玉碎、亦不瓦全的獻身精神。

西太后陰謀以溥儁取代載湉的計畫，因各國駐華公使拒絕給予支持，未敢貿然付諸實施。光緒勉強保住了他的傀儡皇帝的帝位。這一場宮廷衝突，將光緒的懦弱平庸和政治上的無能與毫無實力裸露於世，擊破了章太炎對光緒皇帝的全部幻想。

義和團崛起於北方並逐步控制了京、津地區以後，留居日本的孫中山和在香港主持《中國日報》的陳少白通過港英當局，積極策動李

70　章太炎：《與梁鼎芬絕交書》，見《當代八家文鈔・章太炎文鈔》卷三，原題作《與梁鼎芬書》。

鴻章據華南地區而「獨立」。李鴻章在港英當局的慫恿和支持下，曾一度躍躍欲試。章太炎聽說李鴻章「有意連衡」，非常高興。為了推動李鴻章跨出決定性的一步，他致書李鴻章，要求他「明絕偽詔，更建政府，養賢致民，以全半壁」。在信中，他分析了清廷的政局，指明了「東南互保」難以憑恃，並比較了李鴻章與南方其他督撫的短長，敦促李鴻章首先發難。他寫道：「今公處元輔之重，當分陝之任，勳藏於天府，信聞於四裔。於位則宜，於望則宜。公若先發，群帥孰不翕然應者？」他還建議李鴻章「開釋禁網」，起用因戊戌維新而遭到貶斥和迫害的志士仁人以及逃難避往海外的大批銳敏軼材之士，「布之湘、鄂、江、皖、閩、浙諸幕府，使藩鎮輯協，若肩臂脛蹠之相使」。他鼓勵說：「聞公已建置議院，募練材技，毀家紓難，以為民倡，四方喁喁，莫不延頸歸德。今若絕詔建府，以紓近禍，延擢材駿，以為後圖，其勢宜可以不敗。」[71]但是，李鴻章這個在宦海之中浮沉了數十年的老官僚，眼看義和團並沒有將清朝中央政權打倒，列強也有意繼續扶持西太后與光緒皇帝，經過反覆權衡利害，最終決定完全拒絕據兩廣而「獨立」、另行組織政府的建議。章太炎的計畫，於是成了泡影。

與此同時，章太炎曾致書兩江總督劉坤一，企圖策動劉坤一據兩江而「獨立」並另組政府。結果也一樣化作泡影。

正在這時，聚集在滬上的唐才常、嚴復、容閎等一批志士仁人，忙碌地張羅自行開設「中國議會」。7月14日，八國聯軍攻陷天津，

71　章太炎：《庚子拳變與粵督書》，《甲寅週刊》第一卷第四二號。

旋即揮軍向北京進發。7月26日，「中國議會」在上海愚園南新廳正式成立。推舉容閎為會長，嚴復為副會長。章太炎出席了這次大會，對於會議的宗旨卻不願苟同。他批評了唐才常堅持擁戴光緒皇帝的主張，明確表示：「誠欲光復漢績，不宜首鼠兩端，自失名義。果欲勤王，則餘與諸君異趣也。」[72]他以《雜感》為題，寫了一詩：「萬歲山邊老樹秋，瀛台今複見堯囚。群公辛苦懷忠憤，尚憶揚州十日否？」[73]對「勤王」的主張提出了嚴厲的質詢。7月29日，「中國議會」在愚園召開了第二次會議，決定會計、書記、幹事等人選，章太炎專門寫了一份說帖給「中國議會」全體成員，嚴斥清王朝「自多爾袞入關以後，盜我疆土，戕我人民。揚州之屠，江陰之屠，嘉定之屠，金華之屠，廣州之屠，流血沒脛，積骸成阜。枕戈之恥，銜骨之痛，可遽忘乎？其後，任用詔佞，以聖諭愚黔首，以括帖束士夫，租稅則半供駐防，原野則藉為圈地」。要求中國議會明確宗旨：「本會為拯救支那，不為拯救建虜；為振起漢族，不為振起東胡；為保全兆民，不為保全孤僨。」[74]這是要求「中國議會」擺脫保皇主義的羈絆，樹起反清排滿義旗。可是，唐才常等拒絕了他的這一要求，於是，他「宣言脫社，割辮與絕」[75]。作為對清王朝忠順標記的長辮，是8月3日剪去的，章太炎為此還揮筆撰寫了《解辮發說》，以明己志。從此，他便梳著短髮，穿著西裝，大搖大擺地走在馬路上，這是對清王朝示威，也是對保皇主義挑戰。

72　《太炎先生自定年譜》光緒二十六年。
73　西狩（章太炎）：《雜感》，《複報》第四號。
74　章炳麟：《請嚴拒滿蒙人入國會狀》，《中國旬報》第十九冊。
75　朱希祖：《本師章太炎先生口授少年事蹟筆記》，《制言》第二五期。

這時，章太炎還在《訄書》木刻本上寫了一段眉批，對自己往昔的錯誤作了無情的自我批判：「余自戊、己違難，與尊清者遊，而作《客帝》，棄本崇教，其流使人相食。《分鎮》與《官統》下篇，亦其倫也。終寐而穎，著之以自劾錄，當棄市。」[76]8月8日，他又將《請嚴拒滿蒙人入國會狀》與《解辮發說》寄給孫中山，要求在香港刊行的《中國旬報》上公開發表，並給孫中山寄去一封充滿革命激情的書信，說：

　　□□（中山）先生閣下：去歲流寓於□□〔橫濱〕，□（梁）君座中得望風采，先生天人也。鄙人束髮讀書，始見《東華錄》，即深疾滿洲，誓以犁庭掃閭為事。惟顧藐然一書生，未能為此，海內又鮮同志。數年以來，聞先生名，乃知海外自有夷吾，廓清華夏，非斯莫屬。去歲幸一識面，稠人廣眾中，不暇深議宗旨，甚悵悵也。今者滿政府狂悖恣行，益無人理；聯軍進攻，將及國門；覆亡之兆，不待著蔡。南方各省，猶與西人立約通好。鄙人曾上書劉、李二帥，勸其明絕偽詔，自建帥府，皆不見聽。東南大局，亦復岌岌。友人乃立中國議會於上海，推□□□（容純甫）君為會長。□（容）君天資伉爽，耄益精明，誠支那有數人物。而同會諸君，賢者則以保皇為念，不肖者則以保爵位為念，莫不尊奉滿洲，如戴師保，九世之仇，相忘江湖。嘻，亦甚矣！……方今支那士人，日益闒茸，背棄同族，願為奴隸，言保皇者十得八九，言複漢者十無二三。鄙人偶抒孤憤，逢彼之怒，固其宜也。茲將《拒滿蒙入會狀》及《解辮發說》篇寄呈左右，

76　章太炎手改《訄書》木刻本，上海圖書館藏。「《分鎮》與《官統》下篇，亦其倫也」一語，寫成後又用墨筆勾去。

所望登之貴報，以示同志。雖詞義鄙淺，儻足以激發意氣乎？……[77]

8月14日，八國聯軍攻進北京城，西太后帶著光緒皇帝倉皇出逃。大清國的首都，由侵略者分區統治；大清朝的官員，凡留在北京者，皆「分主五城，食其廩祿」；而出逃者，從西太后、光緒皇帝，直到他們的隨從，這時則都競相向列強獻媚討好，求和乞降。各地督撫，也紛紛與列強拉關係。章太炎從中更清楚地看到了反清革命與反對列強侵略的關係。他奮筆寫了《客帝匡謬》，說明「滿洲弗逐，欲士之愛國，民之敵愾，不可得也。浸微浸削，亦終為歐、美之陪隸已矣。」[78]他又寫了《分鎮匡謬》，指出：「今督撫色厲中幹，諸少年意氣盛壯，而新用事者，其葸畏又過大蠹舊臣。」出路何在？絕不可寄希望於這些人，「夫提挈方夏在新聖，不沾沾可以諭取」[79]。他還寫了又一首《雜感》，說：「誰教兩犬競呀呀？貂尾、方山總一家。恨少舞陽屠狗侶，掃除群吠在潼、華。」[80]雖是一介文弱書生，卻懷有凌雲壯志，這就是要像舞陽侯樊噲當年屠狗一樣，將逃奔西安的清廷上下大小鷹犬掃蕩個一乾二淨。兩篇《匡謬》和這首《雜感》，反映了章太炎思想上、政治上的新的飛躍。

唐才常自立軍起義失敗後，清吏懸賞通緝列名於自立會和中國議會的成員，章太炎又成為清廷指名追捕的要犯。辛丑年正月初一清晨，他在家鄉度歲時又得訊追捕者將至，急忙離家，到一座僧寺裡躲

77　章炳麟：《來書》，《中國旬報》第十九期。
78　章太炎：《客帝匡謬》，《訄書》修訂本，書首第6—7頁。
79　章太炎：《分鎮匡謬》，《訄書》修訂本，書首第10頁。
80　西狩（章太炎）：《雜感》之二，《複報》第四號。

避了10天，複出上海。

1899年7月20日，康有為在加拿大組織了名為「保救大清皇帝公司」的保皇會。

1901年4月到7月，梁啟超在《清議報》上連載了一篇題為《中國近十年史論》的長文[81]。這篇文章又題《中國積弱溯源論》，論證中國之所以積弱不振，「其總因之重大者，在國民全體；其分因之重大者，在那拉一人。其遠因在數千年之上；其近因在二百年以來；而其最近因又在那拉柄政三十年之間」。這篇兩萬多字的長文所歷數的許多弊病，都是兩千年來專制主義統治的必然結果，文章卻將罪責諉之於「全體國民」，不聲不響地為專制主義統治開脫了罪責。康有為、梁啟超等人都強烈地要求結束專制主義的黑暗統治，但是，他們又緊緊抱住光緒皇帝不放，以為只要讓光緒皇帝取代了那拉氏，他們的要求就會實現。那拉氏和光緒皇帝這兩個人維繫著整個中國的命運，一個製造了黑暗，另一個則將創造光明。一這一信念，通過梁啟超的筆，清楚地暴露在世人面前。針對使許多人政治上為之彷徨的這一論點，章太炎撰寫了《正仇滿論》[82]，寄往東京，交秦力山等主編的《國民報》揭載，對梁啟超的文章指名批駁，打出了公開批判保皇主義的第一槍。

光緒皇帝是否真正像梁啟超所說的那樣，是一個足以「定國是，厚民生，修內政，禦外侮」的「聖明之主」？《正仇滿論》作出了否

81　梁啟超：《中國近十年史論》（《中國積弱溯源論》），《清議報》第七七—八四冊，又見《清議報全編》卷七。
82　國內來稿：《正仇滿論》，《國民報》第四期。

定的回答。文章肯定了光緒皇帝「百日變政之功」，但是，不同意梁啟超憑藉這一點便把他說成是一個專為「國民全體」謀利的帝王。文章認為：

彼自乙未以後，長慮卻顧，坐席不暇者，獨太后之廢置我耳。殷憂內結，智計外發，知非變法無以交通外人，得其歡心；非交通外人，得其歡心，無以挾持重勢而排沮太后之權力。故戊戌百日之新政，足以書於盤盂，勒於鐘鼎，其跡則公，而其心則只以保吾權位也。

正因為如此，《正仇滿論》斷言，一旦「太后天姐，南面聽治」，光緒皇帝為保住自己的權位，就必然要不以他個人意志為轉移地恢復與沿用清王朝原先的統治方法。這是因為：「今以滿洲五百萬人臨制漢族四萬萬人而有餘者，獨以腐敗之成法愚弄之錮塞之耳」，光緒既然不能「敝屣其黃屋，而棄捐所有以利吾漢人」，斯時就必定會「知天下之莫予毒。則所謂新政者，亦任其遷延墮壞而已」。

《正仇滿論》還指出，即使光緒皇帝變法出於至公，新法也將不能實行，因為統治中國的不僅僅是光緒皇帝一個人，具有「貴族之權」的整個滿族統治者，絕不可能自動放棄他們的利益。這樣，「雖無太后而掣肘者什伯于太后，雖無榮祿而掣肘者什伯于榮祿」。這就決定了，光緒皇帝「彼其為私，則不欲變法矣；彼其為公，則亦不能變法矣」。

文章還分別論述了「反滿」、立憲等問題，指出：「夫今之人人

切齒於滿洲，而思順天以革命者，非仇視之謂也。」根本原因，是清王朝統治者所作所為，「無一事不足以喪吾大陸」。立憲是對的，但是，不經過革命，立憲就只能是空話，因為「凡一國專制之主，而欲立之許可權勿使自恣者，必有國會、議院以遏其雷霆萬鈞之勢者也，而是二者皆起於民權，非一人之所能立」。

在中國近代歷史上，站在革命的立場對保皇主義進行針鋒相對的公開批判，《正仇滿論》是第一篇。指名批判清王朝和光緒皇帝的，這也是第一篇。章太炎曾責備孫寶瑄不應「改節貢媚朝廷」。孫寶瑄連忙致書章太炎解釋說：「扶桑一姓，開國至今，談革命者，猶所不禁。宗旨不同，各行其志；伍員、包胥，不聞絕交。前言戲之，公毋怒我。」[83]絕交雖然獲免，章太炎卻從此不再引孫寶瑄為知己了。

1901年8月，章太炎避居蘇州，到美國傳教士所創辦的東吳大學任教。章太炎去拜見已經離開詁經精舍、移居在這裡的老師俞樾。不料，老人劈頭劈腦給他一頓大罵：「今入異域，背父母陵墓，不孝；訟言索虜之禍，毒敷諸夏；與人書，指斥乘輿，不忠。不孝不忠，非人類也。小子鳴鼓而攻之可也。」[84]這是章太炎公開批判保皇主義、指斥光緒皇帝，所引起的強烈反應。「不孝不忠」的罪名並沒有把章太炎嚇倒，他寫下了著名的《謝本師》，拒絕老師俞樾對他的無理責難，指出，俞樾如此，是因為他「嘗仕索慮，食其廩祿」，故「懇懇蔽遮其惡」[85]。

83　孫寶瑄：《忘山廬日記》，辛丑九月十四、十七日。原稿，上海圖書館藏。
84　章太炎：《謝本師》，《民報》第九號。
85　章太炎：《謝本師》，《民報》第九號。

在東吳大學任教時，章太炎照舊「言論恣肆」[86]，竟在課堂內外公開抨擊清朝統治，宣傳革命。他曾出了《李自成胡林翼論》這樣的題目，讓學生作文。他的言行，驚動了遠在武漢的湖廣總督張之洞、在南京的兩江總督劉坤一。張之洞特遣人到甯與劉坤一密商，轉赴蘇州，囑江蘇巡撫恩壽設法逮系章氏。這時恰好已放寒假，章太炎回余杭度歲，恩壽撲了個空。當張之洞所派人員到達南京時，章太炎的知交張伯純獲悉張之洞與劉坤一的密謀，立即發電余杭。電文云：「枚急赴滬。」[87]這天又是陰曆大年初一。正在杭城的黃紹箕、孫詒讓、宋恕及陳黻宸又分別探悉署浙江巡撫任道鎔正在佈置逮治章太炎，紛紛前來「促炳麟亡之日本」[88]。章太炎乃匆匆離家，於陰曆正月十四日即1902年2月21日抵滬，住宿一夜，「次日附日本舟東渡」[89]。

　　1902年2月28日，章太炎抵達日本橫濱。

　　一到日本，他就欣喜地發現，與兩年半以前他初次來日時相比，情勢已經發生了顯著變化。變化之一，就是留日學生人數顯著增加。1896年，留日學生僅13人，1898年為68人，1899年為100人，1900年為300人，1902年已增至600人。[90]1900年，出現了第一個留日學生團體「勵志會」，其中許多成員曾回國參加唐才常發動的「自立軍」起事。曾經去安徽大通指揮過自立軍起事的秦力山，以為「漢局之墮，罪在康（有為）之擁資自肥，以致貽誤失事」，對康宣佈絕交[91]，和

86　章太炎：《太炎先生自定年譜》，光緒二十七年。
87　章太炎：《致吳君遂》（辛丑正月初七日），原件，上海圖書館藏。
88　馬敘倫：《陳先生墓表》，《國學叢編》第一期第四冊。
89　孫寶瑄：《忘山廬日記》，壬寅正月二十日，原稿，上海圖書館藏。
90　張玉法：《清季的革命團體》，臺北1975年版，第52頁。
91　馮自由：《秦力山事略》，《革命逸史》初集，第87—88頁。

其他一些具有同樣覺悟的勵志會成員戢元丞、沈雲翔、楊延棟、王寵惠、張繼等創辦了《國民報》,「大倡革命仇滿學說,措辭激昂,開留學界革命新聞之先河」[92]。章太炎到東京牛込區天神町六十五番中國留學生公寓居住,與秦力山等人每日聚會,「討論革命排滿之宣傳方法」[93],並和秦力山一起專程往橫濱訪問孫中山,而孫中山也一再專程到東京,同他們相會。這些接觸,使孫中山所從事的革命活動與留日學生的愛國鬥爭開始結合起來,章太炎回溯這段經歷時說:「時香山孫公方客橫濱,中外多識其名者,而遊學生疑孫公驍桀難近,不與通。力山獨先往謁之,會餘亦至,孫公十日率一至東京,陳義斬斬,相與語,歡甚,知其非(唐)才常輩人也。諸生聞孫公無他獷狀,亦漸與親,種族大義始震播橫舍間。」[94]所述的便是這一結合的過程。

章太炎就一系列與革命相關的重大問題,與孫中山進行了深入的討論。其中,給章太炎留下最深刻印象的,就是孫中山提出的「平均地權」主張。章太炎在《定版籍》[95]一文中,曾詳細記述了他與孫中山討論這一問題的經過。

起初,章太炎所考慮的,只是在革命成功以後,如何改革賦稅制度,以保障國家有足夠的財政收入。孫中山指出,不解決土地兼併問題,而專門謀求如何使農民的賦稅負擔合理化,實是棄本而逐末。他認為,土地是自然物,不應聽由地主任意壟斷,用以暴富,而應制定

92 馮自由:《東京國民報》,《革命逸史》初集,第96頁。
93 馮自由:《章太炎與支那亡國紀念會》,《革命逸史》初集,第57頁。
94 章太炎:《秦力山傳》,《太炎文錄續編》卷四。
95 章太炎:《定版籍》,《訄書》修訂本,第143—146頁。

法律，保障農民均等地享有地權。他主張：「不躬耕者，無得有露田」；每一農民，佔有的露田不得超過二十畝，場圃、池沼則不得超過十畝。「夫不稼者，不得有尺寸耕土」。孫中山的分析使章太炎思想豁然開朗：「田不均，雖衰定賦稅，民不樂其生，終之發難。有裕而不足以養民也。」根據孫中山提出的設想，章太炎制定了一個平均地權的具體方案《均田法》：

凡土：民有者無得曠。其非歲月所能就者，程以三年。歲輸其稅什二，視其物色而衰征之。

凡露田：不親耕者使鬻之，不讎者鬻諸有司。諸園圃，有薪木而受之祖、父者，雖不親邑，得有其園圃薪木，無得更買。池沼，如露田法。凡寡妻、女子當戶者，能耕，耕也，不能耕，即鬻。露田無得傭人。

凡草萊：初辟而為露田園池者，多連阡陌，雖不躬耕，得特專利五十年。期盡而鬻之，程以十年。

凡諸坑冶：非躬能開浚哲采者，其多寡闊狹，得恣有之，不以露田園池為比。

這個土地革命方案的核心，就是消滅封建地主土地所有權，解決農民的土地問題，並保證發展工商礦業與大農業對於土地的需要。但是，在這個方案中，章太炎根本沒有考慮如何依靠農民的自身鬥爭去實現。同時，這個方案也過於粗疏，根本沒有顧及中國農村極為複雜的現實，因而具有極為明顯的空想成分。

1902年4月26日，陰曆為三月十九日，距明末崇禎皇帝在北京煤山上吊身死正值二百四十二年。為了激起人們對清王朝的憤恨，章太炎與秦力山、馮自由等人會議商定，「應於是日舉行大規模之紀念會，使留學界有所觀感」。這一計畫，得到了孫中山的支援。章太炎起草了《支那亡國二百四十二年紀念會書》，歷數清朝統治者的野蠻、殘暴與無能，批評了君主立憲、市府分治等各種主張，說明處在清朝統治之下，「鞭箠之不免，而欲參與政權；小丑之不制，而期捍禦皙族」，統統都會落空。章太炎在這份宣言書中號召：「願吾滇人，無忘李定國；願吾閩人，無忘鄭成功；願吾越人，無忘張煌言；願吾桂人，無忘瞿式耜；願吾楚人，無忘何騰蛟；願吾遼人，無忘李成梁；別生類以篤大同，察種源以簡蒙古，齊民德以哀同胤，鼓芳風以扇遊塵，庶幾陸沈之痛，不遠而複。」[96]在這份宣言書上署名的，有章太炎、秦力山、馮自由、馬君武等十人。他們原定在上野精養軒舉行紀念儀式。清朝駐日公使蔡鈞親訪日本外務省，請求禁止開會。4月25日，東京牛込區員警署通知章太炎等，「奉東京警視總監命，制止開會」。第二天，日本當局出動大批警吏到上野精養軒門前及不忍池附近進行彈壓，趕來與會的留學生數百人被迫解散。為了使紀念式得以舉行，孫中山邀約章太炎、秦力山、馮自由等人於26日下午在橫濱永樂酒樓正式舉行了「支那亡國二百四十二年紀念會」。

「支那亡國紀念會」的活動，是對清朝政府的一次政治示威。它把正在高漲起來的革命浪潮，集中到「反滿」這個簡明的目標上來。它借助於喚起人們的民族情緒，在留日學生中迅速擴大了革命影響，

96　馮自由：《章太炎與支那亡國紀念會》，《革命逸史》初編，第57—59頁。

在上海、廣州、澳門和國內其他許多地方，也推動了革命思想的傳播。

這一次來日本，章太炎只待了三個月。通過與孫中山、秦力山等人的深入討論，通過與留學生的密切接觸，他強烈地感到，需要從理論上對自己的思想作一番清理。為此，在追捕他的風聲稍稍減弱之後，他便潛行回國，旋返鄉里，著手對《訄書》進行全面的修訂。

3.4　《訄書》重訂

《訄書》初刻本問世不久，章太炎就已感到，這部著作的一些見解，已經落後於中國社會政治的現實。從日本歸來後，他對這部精心結構之作進行了重大的刪革。耗時半年多，使修訂後的《訄書》成了一部集中反映他思想上新飛躍的專著，成了近代中國在深入批判中國舊思想、舊制度基礎上系統闡明民族民主革命理論的第一部綜合性著作。

修訂後的《訄書》，包括前錄二篇，正文六十三篇。與增補了《辨氏》、《學隱》二篇之後的初刻本相較，刪去十四篇，新增二十七篇，其他各篇俱作了大小不等的修改。

修訂後的《訄書》，一個顯著的特點，就是章太炎正面引述了大量西方近代論著作自己立論的依據。《訄書》中直接注明作者與書名的，就有英國人類學泰斗泰納（章氏譯作梯落路）的《原始人文》，芬蘭哲學家、人類學家韋斯特馬克的《人類婚姻史》（章氏譯作「威

斯特馬科《婚姻進化論》」），美國著名社會學家吉丁斯（章氏譯作葛通哥斯）的《社會學》，日本著名社會學家有賀長雄的《族制進化論》，日本文學家瀧江保的《希臘羅馬文學史》，語言學家武島又次郎的《修辭學》，宗教學研究者姊崎正治的《宗教學概論》。書中引述的，還有瓦伊知的《天然民族之人類學》，載路的《民教學序論》，白河次郎、國府種姓的《支那文明史》，遠藤隆吉的《支那哲學史》，桑木嚴翼的哲學著作，以及培根、洛克、盧梭、康得、斯賓塞爾等人的許多觀點。

特別值得注意的是這時他在原先所接觸的斯賓塞爾等人學說的基礎上，對西方社會學有了更為深入而廣泛的瞭解，這是當時日本社會學影響的結果。日本社會學是19世紀晚期發展起來的。從19世紀70年代開始，斯賓塞爾卷帙浩繁的社會學著作一一給譯成日文，當章太炎到達那裡時，這種譯本已不下二十種。斯賓塞爾是社會有機體論和社會進化論的宣導者，他的學說，正適合日本建立天皇制國家的需要。日本本國社會學的主要奠基者是有賀長雄，他在1883—1884年間出版了三卷本《社會學》，名為《社會進化論》、《宗教進化論》、《族制進化論》，後來又出了增訂本。這些著作所宗法師承的，正是斯賓塞爾的學說。章太炎閱讀了斯賓塞爾、有賀長雄等人的著作，對他們的機械論傾向則不滿意。他說：「社會學始萌芽，皆以物理證明，而排拒超自然說。斯賓塞爾始雜心理，援引浩穰，于玄秘淖微之地，未暇尋也。又其論議，多蹤跡成事，顧鮮為後世計。蓋其藏往則優，而匱於知來者。」[97]吉丁斯是美國社會學的一名奠基者，他代表了與斯賓

97　獨立生（章太炎）：《社會學自序》，見岸本能武太著、章炳麟譯：《社會學》卷

塞爾不同的另一學派，即社會學中的心理學派。他的社會學體系的核心是所謂「類群意識」，說社會是通過這種類群意識而凝結和永存下去的。他所撰著的《社會學大學教科書》和《社會學》分別由前川九萬人、遠藤隆吉譯成日文，先後於1893年和1900年在日本出版。章太炎仔細研究了吉丁斯的學說，感到很有興趣。他說：「美人葛通哥斯之言曰：『社會所始，在同類意識，俶擾於差別覺，制勝於模效性，屬諸心理，不當以生理術語亂之。』故葛氏自定其學，宗主執意，而賓旅夫物化，其於斯氏優矣。」[98]但是，在他看來，吉丁斯的理論也有片面性。他最欣賞的，是岸本能武太1900年出版的《社會學》。他說，岸本此書，「實兼取斯、葛二家。其說以社會擬有機，而曰非一切如有機。知人類樂群，亦言有非社會性相與偕動，卒其祈向，以庶事進化、人得分職為侯度，可謂發揮通情，知微知章者矣」[99]。他以為，岸本能武太注意到了將社會性與個性結合起來，既避免了斯賓塞爾用生理現象機械地解釋社會活動的弊害，也糾正了吉丁斯把「類群意識」的作用絕對化的偏向，認識比較全面。因此，他剛回國，便將岸本的書譯成中文，交廣智書局出版。這是近代中國全文翻譯的第一部社會學專著，曾被《新民叢報》譽為「譯界一明星」[100]。

與此同時，章太炎開始接觸到了西方和日本的社會主義學說。19世紀末、20世紀初，社會主義思潮出現於日本。1898年，村井知至、

首，光緒二十八年八月出版。

98　獨立生（章太炎）：《社會學自序》，見岸本能武太著、章炳麟譯：《社會學》卷首，光緒二十八年八月出版。

99　獨立生（章太炎）：《社會學自序》，見岸本能武太著、章炳麟譯：《社會學》卷首，光緒二十八年八月出版。

100　《新民叢報》第二二號，第68頁。

片山潛、安部磯雄、幸德秋水、岸本能武太等人組織了「社會主義研究會」，以「考究社會主義原理以及它是否適用於日本」為其目標；1899年，村井知至出版了《社會主義》，福井准造出版了《近世社會主義》，這兩部著作不久便都被譯成了中文，於1903年初由廣智書局出版。1900年，社會主義研究會改組為「社會主義協會」，久松義典出版了《近世社會主義評論》。1901年，片山潛、幸德秋水等組成社會民主黨，西川光次郎出版了《人道之義士、社會主義之父—馬克思》和《社會黨》；1902年，幸德秋水出版了《二十世紀之怪物帝國主義》和《社會主義廣長舌》。最後這三部著作也在1902年至1903年初被譯成中文出版。這些著作，引起了章太炎的注意。章太炎所譯的岸本能武太《社會學》一書，也曾對社會主義、共產主義學說作過概略的介紹。書中說明，這一學說根源於歐洲各國勞動者與資本家的矛盾；這一學說的核心，是反對土地與資本的私有權，要求「使土地、資本為社會全體之共有財產，使組織社會之個人，皆自此共同財產而蒙同利」；這一學說的目的，「在分配財產，泯絕差等，救護傭工」[101]。在社會主義學說初期傳播的影響下，章太炎對西方資本主義世界的認識開始發生了明顯的變化。他除去注意到西方資本主義國家的強盛之外，開始注意到了那裡確實存在著「貧富懸絕，積歲彌甚」的嚴重社會矛盾。在思考中國未來的社會構建時，章太炎很自然地要面對西方資本主義世界的這一現實。

隱匿於故鄉期間，章太炎「日讀各種社會學書」[102]，繼續鑽研他

---

101 岸本能武太著，章太炎譯：《社會學》卷上，第13頁。
102 《章太炎來簡》，《新民叢報》第十三號。

從日本購攜回國的各種社會學書籍。在作為《訄書》總綱的《原學》中，章太炎指出，各種學術的創立和盛衰，受制約於「地齊、政俗、材性」這三種因素。但是，這三種因素的作用並不是等同劃一的。地理環境的影響，主要限於古代各部族、各國家彼此隔絕之世；「九隅既達，民得以遊觀會同」，地理環境的影響就縮小了。材性特異的影響，也很有限，因為天才人物也同樣不能超越時代所能提供的各種客觀條件。這三種因素互相比較，起決定作用的還是社會、政治狀況，因此，「今之為術者，多觀省社會，因其政俗，而明一指」[103]。這一觀點，實際上就是章太炎研究社會學得出的總結論，也是《訄書》修訂本評判中外各種先行學說、探索各項理論問題的基本指導思想。

修訂後的《訄書》，在中國思想界、知識界引起震動的，是章太炎在近代中國首次公開從正面批評了孔子與孔學。《訄書》修訂本刪去了曾保留明顯尊孔印跡的《尊荀》、《獨聖》，而以《訂孔》為中國學術史論的第一篇。訂者，平議也，就是要糾正對孔子和孔學完全不恰當的評價，以歷史學家的眼光，將孔子與孔學從神聖不可侵犯的天國還原到平凡的人間。章太炎指出，孔子作為古代一位優秀的史學家，他刪定六藝，撰著《春秋》，對於中國文化的發展是有貢獻的。特別是在秦始皇焚書以後，道、墨諸家日漸衰微，唯有儒家各類經典「遭焚散複出」，使孔子成了中國上古時代一位文化的集大成者。但究其實際，孔子的理論、學說，其實並不高明。「《論語》者唵昧，《三朝記》與諸告飭通論，多自觸擊也。」比起孟軻來，「博習故事則賢，而知德少歉矣」；比起提倡唯物主義認識論和力謀進取的荀況

103　章太炎：《原學》，《訄書》修訂本，1904年版，第12頁。

來，相差更多。兩千多年來，歷代統治者一味頌揚孔子和孔學，而摒斥荀子學說，遂導致「名辯壞，故言殽；進取失，故業墮」[104]，妨礙了中國社會的發展與文明的進步。《訂孔》公諸於世後，掀起一場軒然大波。衛道士們大罵章太炎「以誦法孔子為恥，以詆毀孔子為振恥」，乃是「離經叛道」、「非聖無法」，要將《訄書》盡數焚毀，使之永絕於天地之間[105]。當時報刊指出，自從《訂孔》篇發表後，「孔子遂大失其價值，一時群言多攻孔子矣」[106]。本著與《訂孔》相同的批判精神，章太炎在《學變》、《學蠱》、《王學》、《清儒》等新增的一組文章中，對漢、晉以來中國思想學說的變遷大勢作了考察。他指出，董仲舒「以陰陽定法令，垂則博士」，將儒學神學化、宗教化，結果，便「使學者人人碎義逃難，苟得利祿，而不識遠略」[107]。宋代歐陽修「不通六藝，正義不習，而瞍以說經」，蘇軾專門「上便辭以耀聽者」，開後來宋、明理學家和經今文學家空言說經的先河，「令婾己者不學而自高賢」，「使人跌邊而無主」[108]。他認為，六藝只不過是古代社會歷史的一批記錄，對於六藝，只能應用研究歷史的方法，「博其別記，稽其法度，核其名實，論其社會以觀世」，絕不可以經術明治亂，以陰陽斷人事。他指出：「夷六藝于古史，徒料簡事類，不曰吐言為律，則上世社會汙隆之跡，猶大略可知。以此綜貫，則可以明進化；以此裂分，則可以審因革。」[109]這就是要求將儒家經典還原為據以研究古代社會發展和變革的珍貴資料。這一觀點，與康

104　章太炎：《訂孔》，《訄書》修訂本，第2—3頁。
105　夏志學：《章炳麟氏〈訄書〉書後》。
106　許之衡：《讀〈國粹學報〉感言》，《國粹學報》第六期。
107　章太炎：《學變》，《訄書》修訂本，第10頁。
108　章太炎：《學蠱》，《訄書》修訂本，第13—14頁。
109　章太炎：《清儒》，《訄書》修訂本，第22、26頁。

有為繼續承認儒家經典為百世「制法」的理論針鋒相對。

　　中國革命家們需要摒棄傳統思想學說中的糟粕，同時，又要細心發掘和尋繹民族文化中的精華，這樣，才能既從傳統的精神枷鎖中解放出來，而又不喪失民族自尊心和民族自信心，真正完成思想啟蒙的歷史任務。這也是章太炎努力追求的目標。正是本著這一思想，《訄書》修訂本除去在論述先秦諸子的各篇文章中說明諸子學各有可取之處外，在論述漢、晉以來思想學說的各篇文章中，還大力表彰了王充、王符、仲長統、崔實和顏元、戴震等一批進步思想家。對於王充撰著《論衡》，他寫道：「趣以正虛妄，審鄉背，懷疑之論，分析百端，有所發摘，不避孔氏。漢得一人焉，足以振恥。至於今，亦未有能逮者也。然善為鑱芒摧陷，而無樞要足以持守，斯所謂煩瑣哲學者。惟內心之不充頴，故言辯而無繼。」[110]對於顏元，章太炎所重視的則是他將實踐篤行置於第一位的觀點，對於顏元不懂得概念、抽象的作用而偏信於個人的直接經驗，章太炎則毫不客氣地提出了批評。在評論王陽明學說時，章太炎也著重說明瞭這一觀點，他寫道：「古之為道術者，以法為分，以名為表，以參為驗，以稽為決。……《周官》、《周書》既然，管夷吾、韓非猶因其度而章明之，其後廢絕，言無分域，則中夏之科學衰。」[111]《清儒》一文，對清代二百多年學術發展作了系統的清理與總結，就中，特別推崇戴震一派的治學態度與治學方法。他認為，戴震一派和惠棟一派，即皖、吳二派的學者兢兢業業，將六經作為歷史資料一一疏證，還其遠古時代的本來面目，

110　章太炎：《學變》，《訄書》修訂本，第11頁。
111　章太炎：《王學》，《訄書》修訂本，第15頁。

使「支那文明進化之跡，藉以發見」，功績是不可抹殺的。在致吳君遂的信中，他承認惠棟、戴震「真我師表」[112]，給他們篳路藍縷之功以充分的肯定。但是，對清代學術，他也不是一味推崇，對包括戴震、惠棟在內的清代各主要學派的缺陷，他沒有隱晦遮飾，闡述了許多非常深刻的見解。

在西方，各國近代化的過程是建立統一的民族國家、民族語言、民族經濟、民族共同心理和民族文化的過程。為此，他們建立了自己的民族理論。這也正是章太炎所致力的一個中心課題。《訄書》初刻本中已經在這方面鋒芒畢露。《訄書》修訂本中，這方面的內容得到了大大的充實和加強。

新增的《序種姓》上篇和由《辨氏》改成的《序種姓》下篇，是章太炎民族理論的一個總綱。章太炎根據西方社會學和原始社會史所提供的原理，利用中國古代語言、文字、民俗和其他文獻資料，研究了中華民族特別是漢族形成的歷史過程。他指出，中華民族與世界上其他許多民族一樣，是由「母系叢部」經由父系社會和宗法社會逐步演變而成的。他認為，民族是文明史發展的產物，因此，在考察民族時，應當「以有史為限斷」。他稱這樣的民族為「歷史民族」，強調了它與依靠血緣關係結合起來的氏族、部落有著本質的不同。他寫道：「方今歐美諸國，或主國民，或主族民；國民者湊政府，族民者湊種姓。其言族民，亦多本歷史。」[113]他這裡所說的「主國民」或「主族名」，都突出了民族這一概念的近代社會內容。

112　章太炎：《致吳君遂》（光緒二十八年壬寅七月初五日），原件，上海圖書館藏。
113　章太炎：《序種姓》上，《訄書》修訂本，第37、40頁。

現代民族的形成以及現代民族國家的建立，包含著多方面的內容。章太炎在《訄書》修訂本中，對這些方面逐一作了相當深入的專門探討。新增的《方言》，說明中國各地文字相同，口語卻分成約略十種。為了使各地口語相通，達到語言統一的目的，作了重要修訂的《訂文》及其附錄《正名雜議》，集中討論了如何使漢語得到發展，以適應「與異域互市，械器日更，志念之新者日糵」的局面[114]。這是近代中國較早系統地專門研究使漢語適應社會發展需要而實現近代化問題的一組文章。新增的《通法》和作了重要修改的《官統》等文，主要討論立法與司法的改革，就建立現代民族國家提出了一系列新的建議；新增的《定版籍》、《原教》、《訂禮俗》、《辨樂》等文，專門討論了如何促進現代民族經濟的建立和民族文化、民族共同心理發展的問題。這些論著，同高漲中的民族運動所包含的內容，已完全不能簡單地以「仇滿」二字概括，與傳統的華夷之辨、夷夏之防更不可同日而語。《訄書》修訂本在民族構成、民族語言、民族國家、民族經濟、民族文化等每一個方面所作的探索，都反映了中國近代社會對民族問題所提出的客觀要求。

《訄書》修訂本最後一組論文，包括《尊史》、《征七略》、《哀焚書》、《哀清史》等文，專門研究了繼承與發揚中華民族優秀的歷史遺產問題。

剛從日本返國時，章太炎便計畫過編纂一部《中國通史》，「以發明社會政治進化衰微之原理為主」，兼用以「鼓舞民氣，啟導方

114　章太炎：《訂文》，《訄書》修訂本，第78頁。

來」[115]。因為時間過緊，這一計畫未能實現。1901年，他曾專就治史的方法論寫過一篇長文《徵信論》，強調指出：治史必須「始卒不逾期驗之域」。而為了做到這一點，就必須注意尊重歷史事實，對於記載過於簡略者絕不可「妄臆其事」，對於記載闕漏者絕不可「隨成心以求其情」，對於記載互相矛盾者必須師法「法吏」，「聽其兩曹，辯其成事，不敢身質疑事」。他指出，治史必須重視研究「制度變遷，推其沿革；學術異化，求其本師；風俗殊尚，尋其作始」，不可用「成型」即固定的模式去改削歷史，更不可籠統地用社會學的一般結論取代對歷史因果關係的具體分析，也不可強行牽合歷史以比附現實[116]。這是對中國封建官方史學的否定，也是對康有為主觀主義治史方法和庸俗致用觀的批評。這篇文章沒有收入《訄書》，這些精神卻貫穿在《訄書》專門論史的這一組文章中。

在《訄書》修訂本論史的這組文章中，章太炎反覆說明，首先必須重視社會史、制度史、文明史的研究。他抨擊中國舊史學「貴其記事，而文明史不詳，故其實難理」。在文明史中，他以為應當首先注意研究地理環境和包括浚築、工藝、食貨在內的整個經濟生活變遷的歷史。他說，如果能夠以此「遠監宙合，存雄獨照」，那麼，就將「不言金火之相革，而文化進退已明昭矣」[117]。他說：治史的主要任務，就是「揚搉大端，令知古今進化之軌」。為此，他主張治史者必須注意掌握新思想、新理論，「若夫心理、社會、宗教各論，發明天

115　《章太炎來簡》，《新民叢報》第十三號。
116　章太炎：《徵信論》上，《太炎文錄初編》卷一。
117　章太炎：《尊史》，《訄書》修訂本，第181、189頁。

則，烝人所同，于作史尤為要領」[118]。

1902年底、1903年初，章太炎將《訄書》修訂完畢，交日本東京翔鸞社，於1904年4月出版。《警鐘日報》稱此書「印本一出，風行一時」，其聲價「轟震海內」。同年10月，翔鸞社鑒於「此等空前傑著文辭淵古，不加點注，一般閱者咸苦無從分其句讀。茲得箸者執友圈定本，因五什活版部重印出書」[119]。這一版圈點本1904至1906年間曾多次重印。1906年章太炎第三次到東京後，檢閱誤字、脫字、倒字十六處，列成校勘表，附入是年7月再版本中。是年9月，根據章太炎的意見，又將圈點取消，出了無圈點的新版。

《訄書》修訂本，是一部系統地闡明章太炎走上反清革命道路時宇宙觀、社會觀、歷史觀以及政治、經濟、文化主張的理論著作。它凝練精審，條理縝密，文辭淵古，篇幅雖不算很大，容量卻異乎尋常。任鴻雋回憶當年讀到此書的情景說：此書「雖然艱深難懂，但在一個暑假中我也把它點讀一過。從此對於太炎先生的思想文筆我是五體投地地佩服的」[120]。這是很有代表性的。

3.5　學社施教

黃浦江畔的上海，在唐才常自立軍起事失敗後，一度為令人窒息的沉悶空氣所籠罩。以中國教育會和愛國學社的創立為發端，革命情

118　章太炎：《中國通史略例》，《訄書》修訂本，第198、201頁。
119　《章炳麟〈訄書〉再版已到》，1904年10月16日《警鐘日報》。
120　任鴻雋：《記章太炎先生》，上海《文史資料選輯》第八輯。

緒日漸高漲，到1903年，已成為革命派在國內活動的一個重要中心。

中國教育會創立於1902年4月，集議發起者為蔡元培、蔣智由、林獬、葉瀚、黃宗仰（烏目山僧）等人。他們準備借助於這個組織，積聚力量，「表面辦理教育，暗中鼓吹革命」[121]。章程中就宣佈：「本會以教育中國男女青年、開發其智識而增進其國家觀念，以為他日恢復國權之基礎為目的。」[122]

這年冬，上海南洋公學發生罷課風潮，100多名學生集體退學，向中國教育會求助。在會長蔡元培的倡議下，中國教育會決定在上海南京路泥城橋福源裡開辦愛國學社，收容這批退學學生。學生中政治空氣十分濃厚，他們「不但在校裡議論時局，毫無顧忌，並由徐敬吾接洽妥當，假地張園，每週開會演說，公開宣傳」[123]。這給章太炎很大鼓舞。1903年春節過後不久，他就應蔡元培、蔣智由之召，到愛國學社任高級班國文教員。

章太炎把學社的課堂、張園的「安塏第」演說廳，都當作宣傳革命的陣地。他在課堂上以《×××本紀》為作文題，讓學生們各寫一篇自傳。「本紀」原是歷代正史為皇帝立傳的專門名詞，章太炎以此為題，既是對封建名教的蔑視，也是為了讓學生們意識到自己是國家的主人。學生陶亞魂與柳亞子在作文中分別談到他們過去都曾以「紀孔保皇」為職志，章太炎披閱之後，大有感觸，專門給他們寫了一信，說明自己也曾經為康有為尊孔保皇的言論迷惑過，《訄書》中

121　蔣維喬：《中國教育會之回憶》，《上海研究資料續集》，第84頁。
122　《中國教育會章程》，《選報》第二一期。
123　《蘇報案始末》，《上海研究資料續集》，第73頁。

《客帝》等篇，便是往歲之覆轍。他給兩人送了《訄書》的初刻本，說：「二子觀之，當知生人智識程度本不相遠，初進化時，未有不經『紀孔保皇』二關者。以此互印何如？」[124]

1903年4月，留學日本的鄒容、張繼和陳獨秀為嚴懲湖北留學生監督姚文甫，抓住他通姦的醜行，闖入姚的寓所，「由張繼抱腰，鄒容捧頭，陳獨秀揮剪」[125]，剪掉了姚文甫頭上的辮子，並將辮子懸於留學生會館示眾。對此，清公使蔡鈞照會日本外務部，要求懲處三人，他們聞訊後，被迫回國。陳獨秀返回家鄉安徽，而鄒容、張繼則在上海中國教育會住了下來。章太炎在日本時已與張繼相識，這時又結識了鄒容。其時，南京陸師學堂也發生了退學風潮，章士釗等40餘名學生由甯來滬，進入愛國學社。章太炎對章士釗也甚為器重。四人日日聚會，縱論天下大事，並相約「當為兄弟，戮力中原」[126]。就中，章太炎與鄒容關係尤為密切，兩人都奮發革命，疾惡如仇，意氣相投，於是結成莫逆之交。

革命運動的發展，使保皇派同革命派的衝突激化起來。康有為的《答南北美洲諸華商論中國只可行立憲不可行革命書》，是保皇派對抗革命的一份宣戰書和總綱領。為了從理論上對保皇主義進行一次系統的清算，正面闡明走革命之路的必要性和必然性，章太炎1903年5月至6月間，撰寫了《駁康有為論革命書》。

《駁康有為論革命書》說明，建立近代民族國家，乃是時代發展

124　章太炎：《致陶亞魂、柳亞子書》，《複報》第五期，又見《制言》第六一期。
125　章士釗：《疏〈黃帝魂〉》，《辛亥革命回憶錄》第一集，第229頁。
126　章士釗：《伯兄太炎先生五十有六壽序》，《制言》第四一期。

的必然趨勢。「今日固為民族主義之時代」。中國推翻清朝的統治，建立以漢族為主體的近代民族國家，是歷史的需要。正是清朝的腐朽統治，嚴重妨礙了中國發展為近代民族國家。清朝種種所謂美善之政，如「納丁於地，永複差徭」和廢除明代「廷杖、鎮監、大戶加稅、開礦之酷政」等並不能掩蓋清朝統治的寄生性和反動性。如玄燁、弘曆數次南巡，「強勒報效，數若恒沙」，「廷杖雖除，詩案史禍，較諸廷杖，毒螫百倍。康熙以來，名世之獄，嗣庭之獄，景祺之獄，周華之獄，中藻之獄，錫侯之獄，務以摧折漢人，使之噤不發語」。章太炎認為，清朝統治之所以如此，是因為清王朝是以一個人數很少的民族高踞於漢族及國內各民族之上，「今以滿洲五百萬人，臨制漢族四萬萬人而有餘者，獨以腐敗之成法愚弄之、錮塞之耳」。康有為對此視而不見，就是因為他安於奴隸地位而根本不覺悟：「夫長素所以不認奴隸，力主立憲，以摧革命之萌芽者，彼固終日屈心忍志，以處奴隸之地者爾。」

《駁康有為論革命書》駁斥了康有為關於中國不可革命、沒有能力進行革命等論調。

「立憲可避免革命之慘！」章太炎指出，中外各國的歷史恰好證明，要推翻專制主義的反動政治統治，包括爭取立憲在內，流血鬥爭是不可避免的。比如，英、奧、德、意、日等國，都是實行君主立憲的國家，他們便都無一不是「數經民變，始得自由議政之權」。他著重指出：「使前日無此血戰，則後之立憲亦不能成。」

康有為說「中國今日之人心，公理未明，舊俗俱在」，因而沒有

能力革命！章太炎則以李自成、義和團鬥爭發展的歷史事實論證：革命實踐本身，正是提高人們覺悟、蕩滌舊社會污泥濁水的最有效方法。「人心之智慧，自競爭而後發生。今日之民智，不必恃他事以開之，而但恃革命以開之。」李自成從迫於饑寒，揭竿而起，覺悟逐步提高，後來實行了剿兵、救民、賑饑、濟困等一整套政策，是因為鬥爭實踐教育了他。義和團起事時，起行的口號是「扶清滅洋」，但到景廷賓起義時，就提出「掃清滅洋」了，這也是鬥爭實踐教育的結果。由此，章太炎斷言：「公理之未明，即以革命明之；舊俗之俱在，即以革命去之。革命非天雄大黃之猛劑，而實補瀉兼備之良藥矣！」

康有為理屈詞窮之際，曾乞求於「天命」，說光緒皇帝「幽居而不失位，西幸而不被弑，是有天命存焉」，而此則足以為中國他日必能實現立憲之徵。章太炎辛辣地嘲諷了天命論的荒誕無稽，並嚴正指出：「撥亂反正，不在天命之有無，而在人力之難易。」只要依靠「百姓之合意」，革命就可成功。

章太炎將駁康有為書寫成後，一邊「托廣東人沙耳公帶至香港轉寄新加坡交康」[127]，一邊在滬由黃宗仰出資刊行，以《章炳麟駁康有為書》為名公之於世。高旭有《題太炎先生駁康氏政見》[128]一詩，生動地描繪了當時社會上反響熱烈的情景。詩中寫道：

127　《續訊革命黨案》，1903年12月5日《申報》。
128　劍公（高旭）：《題太炎先生駁康氏政見》，1904年8月10日《警鐘日報》。此詩收入高旭《天梅遺集》卷二，題改作《題章太炎近著》，略有改動。

豪傑不可睹，誇士莽縱橫。

岳岳章夫子，正義不可傾。

種禍日益棘，憂患曷有程？

蚩尤幻作霧，天地誰肅清？

當頭一棒喝，如發霹靂聲！

保皇正龍頭，頓使吃一驚。

從此大漢土，日月重光明。

　　在章太炎撰寫《駁康有為論革命書》時，鄒容已完成了《革命軍》。年方19歲的鄒容，對清王朝的統治大加撻伐，極力要將人們的仇滿、反滿情緒煽至白熱化程度。《革命軍》在近代中國首次提出建設「中華共和國」的一套具體方案，並氣宇軒昂地宣稱：「夫盧梭等學說，諸大哲之微言大義，為起死回生之靈藥，返魄返魂之寶方。」《革命軍》脫稿後，鄒容將它送請章太炎修改潤色。章太炎提筆為《革命軍》寫了一篇序言，給予高度評價，並與黃宗仰一道籌措了資金，聯繫由上海大同書局立即出版。

　　接著，章太炎和鄒容、章士釗等人又以《蘇報》為陣地，展開革命宣傳。

　　《蘇報》創刊於1896年，報館坐落在上海公共租界漢口路二十號。1900年，原主持人將它出頂，由陳範出資接辦。陳範，字夢坡，江蘇陽湖人，曾出任江西鉛山縣知縣，因教案落職，移居上海，「憤

官場之腐敗，知非提倡新學不足以救國，漸與當世志士相往還」[129]。接辦《蘇報》以後，他力倡變革，1902年冬便在《蘇報》上特闢「學界風潮」一欄，專門報導國內各地學生運動和留日學生愛國鬥爭的消息，1903年5月27日，聘請章士釗為《蘇報》主筆，並聘請章太炎、蔣維喬、吳稚暉等分任《蘇報》撰述。

5月27日以後的《蘇報》，實際上成了中國教育會和愛國學社的機關報，成了上海革命派的喉舌。章士釗正式出任主筆的當天，便發表了鄒容的《革命軍自序》；6月9日，刊載《讀〈革命軍〉》和《介紹〈革命軍〉》；10日，刊載章太炎的《序〈革命軍〉》；12、13日，連載章太炎、柳亞子、蔡冶民、鄒容四人合寫的《駁〈革命駁議〉》；29日，刊載章太炎《駁康有為論革命書》中斥責「載湉小丑，不辨菽麥」一節，題為《康有為與覺羅君之關係》。對清朝政府發動了犀利與猛烈的政治和思想攻勢。

章太炎等人在愛國學社宣傳革命的活動，引起清政府極大恐慌。這年4月底5月初，清廷已密令對在張園演說革命的愛國學社師生「查禁拏辦」。6月21日，清廷以光緒皇帝名義給沿江沿海各省督撫發了詔旨，命令這些督撫對革命志士要「嚴密查拏，隨時懲辦」[130]。由於愛國學社和蘇報館坐落在公共租界內，清政府不能直接前來查禁與捕人，便一面派出密探，對學社和報館加以監視，一面向各國駐滬領事及工部局正式進行交涉，要求工部局出面查封《蘇報》，並逮捕章太

129　馮自由：《陳夢坡事略》，《革命逸史》初集，第120頁。
130　《光緒二十九年五月二十六日外務部發沿江沿海各省督撫電旨》，見中國近代史資料叢刊《辛亥革命》第1冊，第408頁。

炎、鄒容等人。5月27日以後短短一個月時間中，工部局捕房便六次傳訊章太炎、蔡元培、黃宗仰、吳稚暉等人。6月30日上午，章太炎正在愛國學社帳房間，工部局巡捕持拘票前來搜查，他挺身而出，說：「餘人俱不在，要拿章炳麟，就是我！」[131]他隨即被關進位於四馬路的總巡捕房。鄒容不願置身事外，於7月1日自行到巡捕房投案。

抓到了章太炎和鄒容，清政府外務部於是馬上照會美、英、日等國駐華公使，要求將章、鄒「引渡」給清廷，由清廷審判與法辦。他們計畫「一日逮上海，二日發蘇州，三日解南京，四日檻京師」[132]。俄國、美國、法國、德國、比利時公使同意「引渡」要求，英、日、意等國公使認為同意「引渡」會損害租界的「治外法權」，並可能激起民眾憤怒，致使「仇視外人之禍即在目前」，主張由租界當局自行審理。7月1日，捕房即將章、鄒等人移送會審公廨，當天，就進行了首次審訊。

章太炎等人共同的罪名是「故意污蔑今上，挑詆政府，大逆不道。欲使國民仇視今上，痛恨政府，心懷叵測，謀為不軌」[133]。清廷對章太炎的指控，除去他主張革命「反滿」外，尤為痛心疾首的是他竟然直稱康熙、乾隆為玄燁、弘曆，並直斥光緒皇帝為「載湉小丑」。在審訊中，章太炎與鄒容聲明，他們根本「不認野蠻政府」[134]。7月22日第二次審訊。出庭前，章太炎贈鄒容一詩，其中寫道：

131　張篁溪：《蘇報案實錄》，《辛亥革命》（一），第376頁。
132　《〈獅子吼〉「破迷報館案」索引》，《上海研究資料》，第437頁。
133　《蘇報案始末》，《上海研究資料續集》，第76頁。
134　《光緒二十九年閏五月二十一日知府金鼎致兼湖廣總督端方電》，《辛亥革命》（一），第425頁。

「英雄一入獄，天地亦悲秋；臨命須摻手，乾坤只兩頭。」[135]表現了視死如歸的精神。法庭成了揭露和聲討清朝政府的講壇。7月6日，章太炎在《蘇報》最後一期的頭版頭條發表了《獄中答新聞報記者書》，大義凜然地宣稱：「今日獄事起於滿洲政府，以滿洲政府與漢種四萬萬人構此大訟，江督、關道則滿洲政府之代表，吾輩數人則漢種四萬萬人之代表。」他自豪地宣佈：他和他的同志們「相延入獄」，就是「志在流血」，用自己的鮮血來喚起國人。[136]《江蘇》雜誌發表專論指出：「前日之《蘇報》與《革命軍》，議論雖激，然而閱此書與此報者，幾何人也？一般之國民，固未嘗知其所號呼者為何事，其鼓吹者為何事。今日《蘇報》之被禁，章、鄒之被錮，其勢固已激蕩於天下。」[137]人們熱烈地謳歌章、鄒不畏犧牲的鬥爭精神：「壯哉奇男子，支那第一人。危言不怕死，感世至斯深。肝膽照天下，頭顱值萬金。同胞四百兆，應體此公新。」[138]遠在海外的華僑，也對章、鄒等人的鬥爭表示崇敬和聲援。在英國下院，議員們多次就這一案件提出質詢，首相巴爾福和外交大臣藍斯唐一再聲明，將反對清朝政府所提出的對被捕諸人處以極刑的要求，並將拒絕把章、鄒等人「引渡」給清廷處理。美國領事古納曾致書上海，說他非常擔憂章、鄒等人正「與長江一帶匪徒暗相聯絡」，認為「非治以重罪，恐其勢力不久擴張，必有害於各國商務及騷動全國」，為此，他表示：「當將反抗中國政府諸領袖，如今之《蘇報》一案諸人，一律交華官，聽

135　西狩（章太炎）：《獄中贈鄒容》，《浙江潮》第七期。
136　《章炳麟獄中答新聞報記者書》，1903年7月6日《蘇報》。
137　《咄！漢滿兩種族大爭訟》，《江蘇》第四期，第119—120頁。
138　囂囂：《懷人》，1903年8月14日《國民日日報》。

其治罪。」[139]此論一出，美國國內外輿論譁然，在輿論界強烈抗議下，美國國務院訓令美國駐華公使康格，改變原先態度，與英國採取同樣立場。

經過清廷與各國公使反覆交涉，雙方共同決定，在上海會審公廨開額外公堂，由上海縣知縣汪懋琨會同英國陪審官等對章、鄒進行會審。在清廷一再堅持下，額外公堂宣佈判決結果，說章、鄒二人「不利於國，謀危社稷」、「不利於君，謀危宗廟」，例應「凌遲處死」，而「妄布邪言，書寫張貼，煽惑人心」，亦應「斬立決」，茲因正逢慈禧太后七十壽辰大慶，格外恩典，所以將二人「定為永遠監禁，以杜亂萌，而靖人心」[140]。消息傳出後，輿論又一次大嘩，領事團被迫宣佈這次判決無效。直拖到1904年5月21日，會審公堂宣讀了由清政府外務部和各國公使共同簽署的判決書：章太炎監禁三年，鄒容監禁兩年，皆從被拘之日起算；監禁期內罰做苦工，期滿則逐出租界。

3.6　檻中習佛

章、鄒被羈、《蘇報》被封後，愛國學社社員四散走避，吳稚暉等一部分人去西洋留學，多數人則去日本。中國教育會雖然沒有解散，但會員大都散去，活動近乎停止。章太炎連忙寫信給獄外，要求獄外會員們對於中國教育會「盡力持護」，使世人「知後起有人，積

139　《論美領事致上海道書》，1903年8月18日《捷報》，譯載1903年8月20日《國民日日報》。
140　蔣慎吾：《興中會時代上海革命黨人的活動》，《蔡柳二先生壽辰紀念集》，第240—241頁。

薪居上，亦令奴性諸黌不以愛國（學社）分散之故，遂謂天下之莫予毒也」[141]。教育會會員們於是辦起了愛國女校，成為內地革命者秘密接洽機關。

8月，章太炎的兩個盟弟章士釗、張繼和何梅士、陳獨秀、蘇曼殊等在上海創辦了《國民日日報》，他立即給予熱情支持和指導。對於留日學生創辦的《浙江潮》、《江蘇》等雜誌，每出一期，他都認真閱讀，提出中肯的改進建議。在拘繫之中，他還寫了不少詩文，送交這些報刊發表。

就在章、鄒等人被捕後不久，孫中山結束了在越南的半年多旅居生活，回到日本橫濱。為了促進留日學生運動同孫中山領導的革命活動合流，章太炎特意致書孫中山，「尊稱之為總統」，並請張繼送往日本。[142]同年11月，黃中黃即章士釗譯述白浪庵滔天（即宮崎寅藏）所撰《三十三年落花夢》一書的有關部分，編成《孫逸仙》一書，正式出版。章太炎為這部書專門題了辭，說：「索虜昌狂泯禹績，有赤帝子斷其嗌。掩跡鄭、洪為民辟，四百兆人視茲冊。」

1903年冬，蔡元培從青島回到上海，到拘留所會見了章太炎。為了抗議沙俄軍隊強行佔據中國東北拒不撤兵，在章太炎的建議和支持下，蔡元培與劉光漢、章士釗、陳競全、林森等人創辦了《俄事警聞》，不久改名《警鐘日報》，建立了警鐘社，又以此為核心，組織了對俄同志會、對俄同志女會。1904年3月，在對俄同志會第二次會

141　章太炎：《與柳亞廬書》，《復報》第五號，參見《制言》第六十一期。
142　朱希祖：《本師章太炎先生口授少年事蹟筆記》，《制言》第二十五期。

議上，由多數會員決定，又改名為「爭存會」，明確鬥爭目標不僅僅是不做大俄國順民，更不要做大日本順民、大英順民、大美順民、大法順民、大德順民。[143]

1904年5月正式宣判以後，章太炎與鄒容被移送到位於提籃橋的上海西牢關押。

蔡元培「恒每月入獄存問章、鄒二人」[144]，章太炎繼續隨時與蔡元培討論推進革命發展的問題。這時，龔寶銓與蔡元培、章士釗、何海樵、陳獨秀等組織了秘密的暗殺團，在東京成立的浙學會重要成員陶成章和原愛國學社成員敖嘉熊在廣泛地聯絡了浙江各地會黨以後，也返回上海。章太炎瞭解到這些情況後，便「致書元培等策動之」[145]，推動爭存會主要骨幹、暗殺團成員和陶成章等浙學會成員等聯合組成光復會。該會以「光復」為名，就體現了章太炎一貫的主張：「同族相代，謂之革命；異族攘竊，謂之滅亡；改制同族，謂之革命；驅逐異族，謂之光復。今中國既滅亡于逆胡，所當謀者光復也，非革命云爾。」[146]光復會是繼興中會、華興會建立而出現的又一個革命團體，它活動的主要範圍是浙江、安徽、江蘇等地，工作的重點是實際地組織和發動下層民眾的武裝鬥爭。

在獄中，章太炎與鄒容被指令從事苦役，敲碎石子，獄卒又任意淩辱虐待他們。章太炎決定以絕食相抗。為此，他被關進了鐵檻，結

143　《爭存會之宗旨》，《警鐘日報》第十九號社說，1904年3月15日。
144　蔣維喬：《蔡孑民事略》，見吳芹編《中華名人文選》卷五，1914年3月版。
145　馮自由：《中華民國開國前革命史》續編，上卷，第69頁。
146　章太炎：《序革命軍》，1903年6月10日《蘇報》。

果，斷食七日未死。復食後，他對鄒容說：「知必死，吾有處之之道。」自是以後，每逢獄卒前來凌轢，他便以拳回報，甚至奪下獄卒手上的兇器。章太炎常被獄卒拳打腳踢，倒地後，則數獄卒圍而擊之，或持椎搗其胸間，至悶絕，乃牽入鐵檻中。他的手指曾受三次。[147]這對章太炎既是嚴酷的考驗，又是無情的磨煉。獄中生活，使他對西方文明專制黑暗的一面，有了切身感受。「今西人所設獄，外觀甚潔清，而食不足以充腹，且無鹽豉，衣又至單寒，臥不得安眠，聞鈴即起。囚人相對，不得發一言，言即被棒。此直地獄耳。」[148]就在這樣「文明」的監獄中，500囚人，一歲被虐待至死者160余人。這一切，不能不使章太炎感到憤懣。

由於章太炎倔強抗爭，加上中國教育會與光復會友人在獄外多方疏解，章太炎與鄒容由苦役改事裁縫役作，並獲准可在役作之餘閱讀一些書籍。先前，在巡捕房時，章太炎曾經索讀過一些佛典，這時，乃專讀《瑜伽師地論》、《因明入正理論》、《成唯識論》等唯識法相學的經典著作，並努力使它們與自己在社會學方面的研究相貫通。《警鐘日報》曾報導他在獄中的談話，引用他的話說：「每日作工外，輒與鄒子研究佛學、社會學。惟獄中此類書甚少。前月外間送來數十卷，大都淺薄無味，不足供我研究。」[149]

唯識宗，或作法相宗，又作瑜伽宗，源於印度大乘佛教瑜伽行派。初祖彌勒，梵名Maitreya，意譯作慈氏，佛陀入滅後九百年頃之

147　太炎：《獄中與威丹唱和詩》，《漢幟》第二期。參見章太炎：《鄒容傳》，日本《革命評論》第十號。
148　太炎：《革命軍約法回答》，《民報》第二二號。
149　《國事犯獄中無恙》，《警鐘日報》第二八九號，1904年12月20日。

印度人，創立瑜伽唯識教理，造立《瑜伽師地論》、《大乘莊嚴經論頌》、《辯中邊論頌》等。無著，梵名Asanga，生於西元四五世紀頃，稟彌勒教旨，著《攝大乘論》、《顯揚聖教論》。其弟世親進一步奠定該派教理基礎，著《攝大乘論釋》、《十地經論》、《辯中邊論》、《唯識二十論》、《唯識三十頌》等。其後，有無性梵名作Asvabhava著《攝大乘論釋》，有護法梵名作Dharmpala著《大乘廣百論釋論》、《成唯識寶生論》、《觀所緣緣論》等。唐代玄奘入印師事護法門人戒賢，梵名Śīlabhadra，返國後，譯述本宗經論，弘宣法相唯識之旨，使其宗興盛於一時。其後，因華嚴宗、禪宗勃興而衰落，清末方才重新勃興。章太炎是清末最早注意唯識法相之旨者之一。

章太炎所精細研讀的《瑜伽師地論》，彌勒進述，無著記，漢譯本以玄奘所譯一百卷本最著名，是唯識法相宗最重要的典籍。《成唯識論》，護法等造，玄奘譯，為世親《唯識三十論頌》的注釋書，原為護法等唯識十大論師各作十卷，共百卷，玄奘以護法觀點為主，糅合其他各師學說，集成十卷，其中多含玄奘本人心得，是唯識法相宗影響最廣的一部著作。本宗稱作唯識宗，是因為本宗教義以萬法唯識，認定宇宙萬有都依存於心識，心識分作阿賴耶、末那、意、眼、耳、鼻、舌、身八識，現在與未來森羅萬象之法都依阿賴耶識中所藏的種子由於緣起而形成。本宗稱作法相宗，是因為本宗教義將一切諸法分作心法、心所法、色法、不相應行法、無為法等五位百法，分類加以析論、說明。章太炎精心研讀的另一部著作《因明入正理論》，印度商羯羅主梵名Śaṅkarasvāmin造，玄奘譯，是一部印度論理學即因明學的基本著作，內容分述真能立、似能立、真能破、似能破、真現

量、似現量、真比量、似比量等八門之義。「真能立」一門詳述宗（命題）、因（理由）、喻（譬喻）的關係，說明如何方能做到證明確切，理論圓滿；「似能立」一門列舉立論、推理過程中三十三種過失，要求加以防止和糾正。「真能破」一門說明如何破斥他人立論；「似能破」一門說明如何防止似是而非、無法破斥他人立論。「真現量」一門說明知覺本義及如何經由知覺獲得正確的認識；「似現量」一門說明如何防止以錯覺、幻覺去獲得知識。「真比量」一門說明如何正確地由已知之事物而推知未知之事物；「似比量」一門說明如何防止由已知之事物推知未知之事物時的種種過失。精研這部著作，不僅在邏輯學或因明學方面受益匪淺，而且在認識論方面受到了中國傳統哲學難以匹敵的訓練。

「颯颯飛霜點鐵衣，音容憔悴鬚髮肥。稷君獄讀《瑜伽論》，還與《訄書》理合非？」[150]這是黃宗仰寄太炎的詩句。確實，獄中研讀佛典，使章太炎學術思想和他撰著《訄書》時相比，有了重大轉變。章太炎回顧自己學術思想演變過程時說過：「三十歲頃，與宋平子交，平子勸讀佛書，始觀《涅槃》、《維摩詰》、《起信論》、《華嚴》、《法華》諸書，漸及玄門，而未有所專精也。」[151]「及囚系上海，三歲不覿，專修慈氏、世親之書。此一術也，以分析名相始，以排遣名相終，從入之途，與平生樸學相似，易於契機。解此以還，乃達大乘深趣。」[152]《涅槃》，指《大乘涅槃經》，述法身常住，眾生皆有佛性；《維摩詰》，指《維摩詰經》，闡揚大乘菩薩之實踐道，在家信徒

150　中央（黃宗仰）：《寄太炎》，《國民日日報彙編》第三集。
151　章太炎：《自述學術次第》。
152　章太炎：《菿漢微言》，第72頁。

應行之宗教德目；《起信論》，指《大乘起信論》，印度馬鳴梵名
Aśvaghoṣà造，述如來藏緣起之旨，及菩薩、凡夫等發心修行之相；
《華嚴》，指《大方廣佛華嚴經》，我國華嚴宗所依據的本經；《法
華》，即《法華經》，我國天臺宗所依據的本經。章太炎先前涉獵過
這些佛學典籍，但所知不深，且較龐雜。在獄中，方得集中心思研
究。唯識法相經典之所以投章太炎所好，一是其中包含有相當豐富的
思辨內容，二是它不像甚少系統介紹的歐洲近代思辨哲學那麼難於索
解。1905年2月在上海創刊的《國粹學報》，於4月出版的第三號上擇
要刊登了一篇《章太炎讀佛典雜記》，專門討論「天下無純粹之自
由，亦無純粹之不自由」及「自利性與社會性」的關係問題，便說明
瞭章太炎研治佛典，正是為了借助於一種較為發達的理論思維方法來
解決較為複雜的思想理論問題。

　　在獄中，章太炎與鄒容朝夕相處，患難與共。他們一道服勞役，
一道切磋學問，共同討論革命問題，互相關心，互相激勵，關係日
深。1905年3月，鄒容突然病倒，病勢日益加重。西牢獄醫藉口要代
鄒容請求假釋就醫，把鄒容移到另外一室，當夜，即4月3日夜半，鄒
容即暴卒於獄中。鄒容在刑期將滿、出獄在即的時刻不明不白地死
去，引起廣大志士對章太炎命運的深切關注。租界當局擔心引起更大
的風潮，不得不稍許改善章太炎的待遇，改派他「任執爨之役，因得
恣意啖食」。以此，章太炎曾十分感慨地說：「余之生，威之死為之
也。」[153]

153　章太炎：《獄中與威丹唱和詩》，《漢幟》第二號。

1906年6月29日，章太炎三年監禁期滿。這天一早，蔡元培、于右任、朱少屏、柳亞子、劉道一、張默君、熊克武、但懋辛、劉光漢等人，和同盟會總部從東京派來上海迎接章太炎的代表龔練百、仇式匡、鄧家彥等人，分乘馬車數輛，直馳四馬路工部局巡捕房門前迎候。這天，香港等處來電致賀者有十餘起之多。在中國公學，同盟會總部的代表們向章太炎轉述了迎邀之意。當天晚上，他就在同盟會總部代表陪同下，登上日本客輪，離滬赴橫濱，轉赴東京。

第四章

革命方略

4.1　民族革命

　　章太炎第三次流亡來到日本，7月7日，由孫中山主盟，孫毓筠介紹，正式加入了中國同盟會[1]，並接受了同盟會總部的要求，接任《民報》總編輯人和發行人。剛到東京時，他住在孫毓筠寓所，這時，便住進了東京牛込區新小川町二丁目八番地的民報社。

　　《民報》創刊號出版於1905年11月26日。在章太炎出獄前，已經出版了五期並號外一份，編輯人兼發行人是章太炎「以弟蓄之」的張繼，主要撰稿人是胡漢民、汪精衛、陳天華、宋教仁等人。根據簡章，《民報》堅持所謂六大主義：「一、顛覆現今之惡劣政府；二、建設共和政體；三、維持世界真正之平和；四、土地國有；五、主張中國日本兩國之國民的聯合；六、要求世界列國贊成中國之革新事業。」[2]同盟會的宣傳家們在各期《民報》中熱情地宣傳了這些主張，並圍繞著要不要進行推翻清朝統治的暴力革命、要不要建立共和國、要不要進行以解決土地問題為核心的社會革命這三大問題，同梁啟超主編的《新民叢報》展開了激烈的論戰，使《民報》迅速取得了執革命輿論之牛耳的地位。

　　1906年7月25日，《民報》第六號出版。從這一期開始，直至1908年10月《民報》被日本當局封禁為止，章太炎除中途一度因腦病發作，改由張繼、陶成章編輯了三期外，一直主持《民報》的編輯和發行工作。作為民報社社長，他對同盟會的革命方略包括民族革

1　　見劉揆一保存之《中國同盟會成立初期（乙巳、丙午）之會員名冊》。
2　　《本社簡章》，見《民報》各期封底裡。

命、政治革命、社會革命理論及革命的策略路線，作出了重要貢獻。

當時，圍繞著要不要進行以「反滿」作旗幟的民族革命，同盟會受到來自保皇主義和無政府主義兩個方面的反對。兩個反對派理論上都振振有詞，甚至對革命派形成咄咄逼人之勢。章太炎是「反滿」最早宣導者之一，主持《民報》後，在同兩個反對派的論戰中，他進一步充實和發展了他的民族革命理論。

保皇主義者據以反對進行民族革命的一部最有影響的理論著作，是英國社會學家甄克思所著、嚴復譯述於1904年由商務印書館印行的《社會通詮》一書。甄克思將人類社會分為圖騰、宗法、軍國三種形態，而將重視區分民族界限、熱衷宣導民族主義說成宗法社會的思想意識，說：「宗法社會，始以屬族為厲禁，若今日之社會，則以廣土眾民為鵠，而種界則視為無足致嚴。」嚴復以這一理論為根據，否定了以「反滿」為直接目標的民族主義革命。他說：「中國社會，宗法而兼軍國者也。故其言治也，亦以種不以國。⋯⋯是以今日黨派雖有新舊之殊，至於民族主義，則不謀而合，今日言合群，明日言排外，甚或言排滿。⋯⋯雖然，民族主義將遂足以強吾種乎？愚有以決其必不能者矣。」[3]甄克思與嚴復的這一理論，被保皇派人士反覆援引，用以反對推翻清朝統治的革命，反對展開反對帝國主義侵略的群眾鬥爭。汪精衛在《民報》創刊號上發表的《民族的國民》，對此就曾表示遺憾。[4]《民報》第二號發表胡漢民的專文《述侯官嚴氏最近政見》，對嚴復的觀點則曲為解釋，說：「嚴氏政見，其對於民族國民

3　甄克思著、嚴復譯：《社會通詮》第十二章嚴復所加的按語。
4　《民報》第一號，第6頁。

主義實表同情，薄志弱行者懾于革新事業之難，托而自遁，非嚴氏本旨也。」[5]他們震懾於嚴復的權威、學識，都沒有對嚴復的理論觀點和政治立場進行直截了當的正面論評。

嚴復是章太炎的老朋友，先前，他對嚴復相當欽敬，曾將《儒術真論》和初刻本《訄書》送請嚴復指正。自從張園國會上分道揚鑣以來，章太炎與嚴復政治上、思想上距離便日漸擴大。對於嚴復在《社會通詮》的按語中提出的觀點究竟如何評價？章太炎沒有因為過去同嚴復的友好交往而手軟，沒有因為嚴復在學術界久享盛名而怯陣，他撰就《〈社會通詮〉商兌》發表於《民報》第十二號，正面駁斥甄克思和嚴復的觀點，給以此否定「反滿」與反帝鬥爭的種種論點以有力的反擊。

章太炎在文章中首先通過中外歷史發展的實際，證明瞭民族主義的高漲，正是所謂「軍國社會」的產物，它正是以「軍國社會」為「利器」，十分有力地促進了所謂「宗法社會」的瓦解，因此，把民族主義歸結為宗法社會意識，是沒有根據的。他寫道：

> 今吾黨所言民族主義……所為排滿者，豈徒曰子為愛新覺羅氏，吾為姬氏薑氏，而懼子之殺亂我血胤耳？亦曰：覆我國家，攘我主權而已。故所挾以相爭者，惟曰討國人，使人人自競，為國禦侮之術。此則以軍國社會為利器。以此始也，亦必以終，其卒乃足以方行海表。豈沾沾焉維持祠堂族長之制，以陷吾民於大湫深谷中者？

5　《民報》第二號，《述侯官嚴氏最近政見》，第1—2頁。

夫排外者，惟其少隘也，故於未滅我國家者則仇之，已滅我國家者則置之。鐵道之爭，華工之約，其利害豈不甚巨？顧其害，尚有大於此者。雖然，彼所爭者，亦國家一部之事耳。……

且今之民族主義，非直與宗法社會不相一致，而其力又有足以促宗法社會之鎔解者。……今外有強敵以乘吾隙，思同德協力以格拒之。推本其原，則曰：以四百兆人為一族，而無問其氏姓世系為。察其操術，則曰：人人自競，盡爾股肱之力，以與同族相系維。……內之以同國相維，外之以同患相救，當是時，則惟軍國社會是務，而宗法社會棄之如脫屣耳。

這裡，宗法社會實際上就是自然經濟的古代社會的代名詞，而軍國社會則是近代工商社會的代名詞。20世紀初中國革命家們宣導「反滿」，反對帝國主義侵略中國，究竟立足於何處，又以何處為歸宿？章太炎毫不含糊地說明了，中國革命家們所堅持的民族主義，絕不是為了維護什麼封建的宗法制度，恰恰相反，「吾黨所稱之民族主義，所恃以沃灌而使之孳殖者，舍軍國社會而外，無他法」。喚起人們的民族意識，使人們竭力致死，見危授命，以「盡責於吾民族之國家」，這正是軍國社會的客觀要求，它的歸宿也必然是軍國社會的確立，「吾黨所持者，非直與宗法無似，而其實且與之僢馳。」

嚴復以為，民族主義不足以遂強吾種。而摭拾嚴復餘唾的那些鼓簧弄舌者，則以為民族主義的發展趨勢必定「有敗而無成」。其理由，一曰中國是一落後的宗法社會，不足以與西方列強先進的軍國社會抗衡，二曰革命黨人只能「以會盟馳說相勵」，而「無軍事之實」。

對此，文章指出：第一，「國之興廢，非徒以社會文化高下為衡，顧民氣材力何如耳！」第二，革命理論宣傳，「言談雖虛，要以促社會之自覺」，其效果將遠不止「寸鱗一翮之助」。法國革命時，「官軍有利器，足以摧堅入深，而革命黨無軍需，倉皇遇警，有持機案道具以相格者。此非必敗之道耶？徒以大風所播，合軍民為一心，而效死以藩王室者少，故民黨得因之成業」。中國革命黨人固然手上沒有掌握什麼軍事力量，但也絕不是僅僅滿足於口頭宣傳，「夫戰爭之事，甯我薄人，而無恃他人之不吾薄。吾豈徒效法人所為，冀人之倒戈厥角以為恃？固曰：鳩合駿雄，厚集群力，以成戎衣之烈。是所焦心繭足以求之者，顧豈非軍國社會之事哉？」據此，章太炎斷言，儘管列強軍國社會已經高度發展，中國統治者又掌握著很大的軍事力量，革命仍然完全可以奪得勝利。他豪邁地說：「法人有言，所志不成，當盡法國而成蒿裡，以營大塚於其上。士苟知此，彼天然淘汰、優勝劣敗之說，誠何足以芥蒂乎？循四百兆人之所欲擊，順而用之，雖鏟類赤地，竟伸其志可也！」

信賴民眾，信賴民眾的覺悟，相信民眾覺醒之後將團結起來進行殊死的戰鬥，這就是軍國社會的精神，這就是革命將可勝利的保證。章太炎從這裡看到了希望，因而便有了前進的勇氣和信心。

甄克思、嚴復為什麼會錯誤地把民族主義硬性說成宗法社會的觀念呢？章太炎認為，這是因為甄克思沒有認真研究東方各國的歷史，便以偏概全，把局部地區的特殊現象誇大成了普遍規律。他指出，「甄氏之意，在援據歷史，得其指歸。然所徵乃止赤、黑、野人之近事與歐、美、亞西古今之成跡。其自天山以東中國、日本、蒙古、滿

洲之法，不及致詳。……未極考索之智，而又非能盡排比之愚，固不足以懸斷齊州之事」。而嚴復在譯述西書時，又沒有對中國歷史進行系統而深入的研究，只知將他一知半解的某些中國事狀與甄克思書中所說的一些條例加以比附粘合，以甄克思的觀點為判斷是非的最高標準，「歷史成跡，合於彼之條例者則必實，異於彼之條例者則必虛；當來方略，合於彼之條例者則必成，異於彼之條例者則必敗」。簡單化，絕對化，當然不可避免地就要作出錯誤的結論。章太炎在《〈社會通詮〉商兌》中反覆強調：只有堅持從中國事狀本身出發，只有對於中國的風俗形勢有深入的瞭解，才能從中歸納出符合中國實際的條例，只有這樣，所得的結論方才不致重紕貝也繆。

旅居法國的張靜江、李石曾、吳稚暉、褚民誼在巴黎所創辦的《新世紀》所熱衷的是歐洲無政府主義，他們從另一個方面來反對同盟會所宣導的民族革命。《新世紀》於1907年7月6日發刊的第三期首先發難，對章太炎在《民報》紀元節慶祝會上朗讀的祝辭大興問罪之師，說祝辭中所使用的「以皇祖軒轅之靈」、「起征胡之鐃吹，流大漢之天聲」等辭句，「反背科學，有乖公理」，是鼓吹「三種迷信：一、崇拜帝王；二、崇拜祖宗；三、仇視異族」，是要使革命停留於所謂「舊世紀之革命」[6]。《新世紀》1907年7月27日出版的第六期，更進而指責說：「今主民族主義者，即排滿也；夫排滿，則私矣。」「民族主義者，復仇主義也；復仇主義者，自私主義也。」同盟會的民族革命綱領，被他們詆為「不憑公道真理」、「既失博愛之誼，即

6　真（李石曾）：《續祖宗革命》，《新世紀》第三號。

生殘忍之心」[7]。

　　章太炎在《排滿平議》、《定復仇之是非》、《四惑論》、《臺灣人與〈新世紀〉記者》等文中，對這些攻訐進行了正面的反擊。

　　對於「排滿」這一口號，究竟該怎麼看？章太炎明確指出，「凡所謂主義者，非自天降，非自地出，非摭拾學說所成，非冥心獨念所成，正以現有其事，則以此主義對治之耳」[8]。而「排滿」，則正是從中國政治現實出發提出的革命口號，這正是通過革命解決政權問題的客觀需要。這是因為「吾儕所執守者，非排一切政府，非排一切滿人，所欲排者，為滿人在漢之政府」[9]。章太炎駁斥了《新世紀》歪曲「反滿」口號的許多謬說。褚民誼攻擊「排滿」是將滿人「不分善惡，一網打盡」，章太炎反駁說：「排滿洲者，排其皇室也，排其官吏也，排其士卒也。若夫列為編氓，相從耕牧，是滿人者，則豈欲剚刃其腹哉？」[10]褚民誼攻擊「排滿」將對漢人「因其漢人，不分善惡，而置之不問」，章太炎反駁說：「滿人之與政府相系者，為漢族所當排；若漢族為彼政府用，身為漢奸，則排之亦與滿人等。近世革命軍興，所誅將校，十九是漢人爾。……或曰：若政府已返於漢族，而有癸、辛、桓、靈之君，林甫、俊臣之吏，其遂置諸？應之曰：是亦革命而已。」[11]褚民誼攻擊「排滿」是自私復仇，將導致輾轉相殺，復仇無已。章太炎反駁說：「復仇者，以正義反抗之名，非輾轉相殺謂

7　　民（褚民誼）：《伸論民族、民權、社會三主義之異同再答來書論〈新世紀〉發刊之趣意》，《新世紀》第六號。
8　　太炎：《排滿平議》，《民報》第二十一號，第12頁。
9　　太炎：《排滿平議》，《民報》第二十一號，第11頁。
10　太炎：《排滿平議》，《民報》第二十一號，第11頁。
11　太炎：《排滿平議》，《民報》第二十一號，第12頁。

之復仇！」[12]在《定復仇之是非》一文中，章太炎更指出：「民族主義，非專為漢族而已。」民族主義與反對王權、反對強權並不相悖，「然必舉具體之滿洲清主，而不舉抽象之強種王權者，強種與王權，其名無限；滿洲與清主，其名有限。今之強種，孰如白人？今之王權，孰如獨逸帝？苟取無限之名以為旌幟，則中國之事猶在後，而所欲先攻者，乃在他矣。今只為一區說法，斯無取籠罩一切之名，惟此現量在前者是。循是以推，強種之白人，非不當為黑人赤人驅之也；王權之獨逸帝，非不當為世界生民廢之也。然規定行事者，至急莫如切膚，至審莫如量力。今日漢人，其智力豈足方行域外，則斯事固為後圖矣」。他特別強調指出：「余向者所稱說，固非以民族主義自畫而已，人我法我，猶謂當一切除之，雖獨唱寡和，然猶不憚煩辭，冀導人心于光大高明之路，乃至切指事情，則仍以排滿為先務。」[13]無政府主義，雖然很高妙，但是，「無政府主義者，與中國情狀不相應。……為中國應急之方，言無政府主義，不如言民族主義也」。[14]

《新世紀》攻擊「排滿」「反背科學，有乖公理」，不合進化，違反自然。在20世紀初新學風靡於青年學子中的時候，這四項確實是非常嚴重的罪名。為了回擊這種駭人的責難，說明「排滿」的正義性與合理性，維護同盟會正在致力的革命事業，章太炎寫了一篇《四惑論》，對《新世紀》「以為神聖不可幹」的「公理」、「進化」、「唯物」、「自然」，進行清理與辨析。

12　太炎：《排滿平議》，《民報》第二十一號，第9頁。
13　太炎：《定復仇之是非》，《民報》第十二號。
14　太炎：《排滿平議》，《民報》第二十一號，第1頁。

《新世紀》視若神聖不可侵犯的「公理」究竟是什麼呢？章太炎說，《新世紀》之所謂「公理」，「其所謂公，非以眾所同認為公，而以己之學說所趣為公」，其實是一偏之見。章太炎強調，在社會生活中，衡定是與非，只能是看它是否符合社會的實際需要，是否符合社會絕大多數民眾的願望與要求，而絕不能是某一種預先就已規定了的先驗觀念或先驗模式。而且，就個人與社會的關係而言，兩者應當互相尊重，不可以一方壓制另一方：「人類所公認者，不可以個人故凌轢社會，不可以社會故凌轢個人。」在社會生活中，必須做到「使萬物各從其所好」，如果將某一種特殊的學說甚或一己偏見強行宣佈為「公理」，強制人人必須依循，借社會之力以「抑制個人」，結果，勢必剝奪社會廣大成員的自由，社會的真正解放也將無從談起。[15]

　　對於進化的事實，章太炎並不否認；《四惑論》所反對的，是《新世紀》的「進化教」。他寫道：「余謂進化之說，就客觀而言之也；若以進化為主義者，事非強制，即無以使人必行。彼既標舉自由，而又預期進化，……若是者，正可名『進化教』耳。本與人性相戾，而強為訓令以籠愚者曰：爾之天性然。若是而主持強權者，亦可為訓令以籠人曰：服從強權者，爾之天性然。此與神教之說，相去幾何？」[16]

　　至於《新世紀》所說的崇尚「唯物」與遵循「自然規則」，章太炎以為，前者是「自物而外，不得有他」，其實只不過是「以物質文明求幸福者，不自量度，而妄屍惟物之名」。若「自物而外，不得有

15　太炎：《四惑論》，《民報》第二十二號，第2、8、9頁。
16　太炎：《四惑論》，《民報》第二二號，第13、14頁。

他」，勢必致於使人們「不執鞭為隸於人，而執鞭為隸於物」，「其猥賤又甚于向之為隸者」。而後者，則只能將人們引向屈服於自然。他指出：「就人間社會言之，凡所謂是非者，以侵越人為規則為非，不以侵越自然規則為非；人為規則，固反抗自然規則者也。……循乎自然規則，則人道將窮，於是有人為規則以對治之，然後烝民有立。」要人們一切依循於自然規則，那就無疑要求放棄征服自然、改造自然的全部事業，放棄整個社會生活，這實際上就是要人們皈依於宿命論，繼續俯首貼耳地遵從所謂天命：「承志順則，自比於廝養之賤者，其始本以對越上神，神教衰而歸敬於宿命，宿命衰而歸敬於天鈞。俞穴相通，源流不二。」[17]

《四惑論》表現了濃厚的非理性主義的傾向。然而，它所表現的是對《新世紀》假借服膺於科學、順應於進化、尊重唯物及信奉自然規則等等名義來否定同盟會綱領及群眾實際鬥爭的憤懣，是對那些無政府主義者用以嚇人的這些時髦理論的憎惡；它的目標，不是放在「高蹈太虛」，而是放在反對機械地套用從西方耳食而來的某些固定模式，堅持要依據中國自身的實際狀況找到能夠切實解決現實苦難的行動方案。

為了回擊《新世紀》對《民報》和同盟會綱領的詆毀，章太炎還進一步揭露了這批無政府主義者靈魂深處的隱秘。他認為，這些「《新世紀》記者」，其實只不過是「陽託名於無政府，而陰羨西方琛麗，一睹其士女車馬宮室衣裳之好，魂精泄橫，懼不得當，欲為順

17　太炎：《四惑論》，《民報》第二二號、第18—22頁。

民，複懼人之我誚，乃時吐譎觚之語，以震盪人」[18]。

章太炎在說明民族革命的內涵時，自始至終突出了反對帝國主義侵略與奴役的內容。在同盟會所有領袖人物中，章太炎在這一方面旗幟最鮮明，所投入的力量也最多。

對帝國主義侵略問題，章太炎尖銳地指出，帝國主義在中國橫行無忌，「礦冶阡陌之利日被鈔略，邦交之法空言無施，政府且為其胥附」，循此以往，不出十年，必定會使中國「中人以下，不入工廠被箠楚，乃轉徙為乞丐，而富者愈與皙人相結，以陵同類」[19]。他揭露了帝國主義對華經濟侵略與政治控制的危害性，並清楚指出了「中人以下」是帝國主義侵略的主要受害者。

保皇主義者說，只要不革命，不去刺激帝國主義，帝國主義就不會干涉和瓜分中國。章太炎指出，事情恰好相反。英國窺伺西藏，沙俄染指東北、外蒙、新疆，這是出於他們由來已久的野心，「此雖滿洲政府不亡，其勢猶不可禁」。帝國主義之所以沒有立即瓜分中國，保留著清朝政府和中國形式上的統一，主要還是自身的侵略利益：「誠知地大物博，非須臾所能擷拾，四分五裂之際，兵連不解，則軍實匱而內亂生」。要避免帝國主義瓜分中國，唯一的指望就是革命，因為「革命果成，取此深根寧極之政府而覆滅之」，「朝氣方新，威聲遠播」，才能挫抑帝國主義者的侵略氣焰。[20]

---

18 太炎：《臺灣人與〈新世紀〉記者》，《民報》第二二號，第35頁。
19 章太炎：《總同盟罷工序》，《太炎文錄初編・別錄卷二》。
20 太炎：《中華民國解》，《民報》第十五號。

章太炎大義凜然地對帝國主義侵略亞洲其他國家的罪惡行徑進行了揭露和聲討。他痛斥「帝國主義則寢食不忘者，常在劫殺，雖磨牙吮血，赤地千里，而以為義所當然」。他特別痛斥法帝國主義作為「始創自由平等於己國之人」，而實施最不自由平等於他國，如對越南，便是「生則有稅，死則有稅，乞食有稅，清廁有稅，謗者殺，越境者殺，其酷虐為曠古所未有」。他反覆重申：中國革命黨人所說的民族主義，「非封於漢族而已，其他之弱民族，有被征服於他之強民族而盜竊其政權、奴虜其人民者，苟有餘力，必當一匡而恢復之」[21]。越南愛國志士阮尚賢在《東海贈章太炎先生》一詩中說：「煙濤萬裡一虛舟，島國相逢話壯遊，醉把奇書燈下讀，滿天風雨入西樓。」[22]很生動地表現了章太炎與亞洲各國革命者的密切關係。章太炎的這些言行，與幻想「世界列國贊成中國之革新事業」的汪精衛、胡漢民等相比，確實是獨樹一幟。

　　正是基於這一立場，章太炎積極推動和支持亞洲各國革命者聯合起來，共同進行反對帝國主義侵略與奴役的鬥爭。他到達日本後不久，印度志士缽邏罕、保什（即蘇巴斯・錢德拉・鮑斯）慕名登門造訪，「二君道印度衰微之狀與其志士所經畫者，益悽愴不自勝」，並詢問中國近況。章太炎是時即提議，中印兩國「當斟酌其長短，以相補苴」。這一倡議立即得到兩位印度志士的贊同，缽邏罕並說，印度、中國、日本當如摺扇，「印度其紙，支那其竹格，日本其系柄之環繩也」[23]。眼看「百餘年頃，歐人東漸，亞洲之勢日微，非獨政

21　太炎：《五無論》，《民報》第十六號。
22　阮忠賢：《南枝集》，1915年出版。
23　太炎：《送印度缽邏罕、保什二君序》，《民報》第十三號，第97—98頁。

權、兵力浸見縮朒，其人種亦稍稍自卑」，中國、印度、日本的革命家都慷慨悲憤。為了改變這一狀況，在章太炎、保什和日本著名社會主義、無政府主義活動家幸德秋水等人共同宣導下，1907年4月，在東京成立了以「反抗帝國主義，期使亞洲已失主權之民族各得獨立」為宗旨的「亞洲和親會」。據竹內善朔回憶，首次集會即在青山印度會館的保什住所，與會者有中、日、印三國革命家；第二次集會在東京九段下一所唯一神教教會中，與會者除中、日、印三國革命志士外，還有安南、菲律賓等國志士參加。[24]

章太炎受命起草《亞洲和親會約章》，有漢、英、日三種文本[25]。約章規定：

凡亞洲人，除主張侵略主義者，無論民族主義、共和主義、社會主義、無政府主義，皆得入會。

亞洲諸國，或為外人侵食之魚肉，或為異族支配之傭奴，其陵夷悲慘已甚。故本會義務，當以互相扶持，使各得獨立自由為旨。

亞洲諸國，若一國有革命事，餘國同會者應互相協助，不論直接間接，總以功能所及為限。

約章還規定：

24　竹內善朔：《明治末期中日革命運動的交流》，日本《中國研究季刊》第五號，
　　1948年9月。
25　中文本，陶冶公舊藏。蘇曼殊等三人翻譯而成的英文本，1961年由浙江省政協
　　徵集得到，現存全國政協文史資料辦公室。日文本1945年在幸德秋水家中發
　　現，參見石母田正《續歷史與民族的發現》，東京1953年版，第325—327頁；
　　糸屋壽雄《幸德秋水傳》，東京1950年版，第199—201頁。

會中無會長、幹事之職，各會員皆有平均利權，故各宜以親睦平權之精神，盡相等之能力，以應本會宗旨。

無論來自何國之會員，均以平權親睦為主。

現設總部於東京、支那、孟買、朝鮮、菲律賓、安南、美國等處。

據目前所知，參加亞洲和親會的，除去以上各國外，還有緬甸、馬來亞、朝鮮等國革命志士。日本會員有幸德秋水、堺利彥、山川均、大杉榮、森近運平、竹內善朔等人，中國會員則有「章太炎（炳麟）、張溥泉（繼）、劉申叔（師培）、何殷振（震）、蘇子穀（元瑛，法名曼殊）、陳仲甫（獨秀）」等人[26]。從亞洲和親會約章以及會員構成可以看出，這是亞洲各國革命家為反對帝國主義殖民統治、爭取各民族的獨立與解放而建立的反帝革命同盟。就章太炎來說，這個組織的建立和約章的撰寫，標誌著他的民族革命思想發生了新的重要的飛躍。這個飛躍，一是在近代中國首次提出了「反對帝國主義而自保其邦族」的宗旨，二是努力謀求亞洲各國民族解放運動的互相支持、互相聯合。為聲援亞洲各國人民反對帝國主義、爭取民族獨立的鬥爭，《民報》在章太炎主持下，刊登了報導這些鬥爭的許多文章。

章太炎還積極支持國內各地如火如荼開展起來的群眾性的收回利權運動，並熱切地要求使這一運動發展為群眾性的直接戰鬥行動。

20世紀初，列強加緊攫奪中國的鐵路建築權、礦山開採權，各地

26　陶冶公：《亞洲和親會約章跋》，抄件。

人民為保護本國的主權，同列強和屈服於列強壓力的清朝政府展開了針鋒相對的鬥爭。章太炎身在東京，卻很快地就認識到這些鬥爭可以成為革命軍的強大後盾和有力的同盟軍。1907年，江浙兩省紳商各界為反對清廷將滬杭甬鐵路建築權出賣給英商，一再聯名上書請願，要求自行籌款修築，以確保鐵路主權。清政府為欺騙輿論，將直接出賣路權改為向英商借款築路。為了將保護滬杭甬路權的這場鬥爭推向前進，11月10日，由章太炎發起，邀集在日本的江、浙兩省人士與其他各省代表八百多人在錦輝館集會，「首由章氏宣佈宗旨，言發電報、舉代表之無益，並言此次借款與造路為二事，今日辦法，唯有由股東收回股本及自行斷路，或運動省城罷市，庶可收回」[27]。11月17日，由豫晉秦隴協會發起召開留學界全體大會，與會者4000餘人，章太炎應邀在大會上發表演說，強調僅僅對清朝政府恐嚇一番不會有多少作用，重申自己的主張：「積極的則罷工，消極的則斷路。」[28]在章太炎的積極倡議和推動下，江浙兩省提出了遠比先前激進的鬥爭口號，「商賈則議停貿易，傭役則相約辭工，杭城鋪戶且有停繳捐款之議。」[29]鬥爭向縱深發展，並在全國許多地方引起了強烈的反響。

1908年夏，山東人民為保護津浦鐵路沿線礦產的主權展開了大規模的反對德國帝國主義的鬥爭。各處學堂畢業生站在鬥爭的最前列，他們散發傳單，集會演說，並決定以限制開礦、抵制德貨為後盾。山東巡撫袁樹勳出來嚴厲彈壓，且公然宣稱：「中國辦事，向由官家主

27　《黨人拒款之運動》，1907年11月24日《神州日報》。
28　《留學界全體大會紀事》，1907年12月4日《神州日報》。
29　《政藝通報》，1907年卷五，第4—5頁。

持，民人本無議政之責。」[30]為此，章太炎發表了專門評論，痛斥袁樹勳和清朝政府的賣國謬論和賣國罪行，就如何堅持保護利權的群眾鬥爭發出了強有力的呼籲：「山東士民，當以何術楷柱獨有？要結齊民，堅不鬻地為可。不然，則限制開礦，抵制德貨耳。而清政府必且遮禁之、格殺之，繼自今，願爾山東士民為義和團，無為衍聖公（衍聖公曾以軍樂迎德皇畫像至其第）；為林清、王倫，無為呂海寰。北出則扞建州之背，西迤則斷燕京之喉，東下則搗膠州之脊。事不就，則盡六千萬人歸魂于泰山蒿裡！」[31]

1908年7月14日，日本內閣更迭，桂太郎內閣取代了原來的西園寺公望內閣。為了把外交的重點放在對華關係上，桂太郎特地任命以頑強地謀求實現日本對華侵略要求、堅決反對美國插足中國東北而著稱的小村壽太郎為外相。9月25日，小村向內閣會議提出《對外政策方針》及《有關滿洲若干問題之方針》兩項議案，中心就是解決中國東北所謂各項懸案，對清、對英、對美、對法、對德諸政策，幾乎都是為了實現這一目的。這兩項議案都得到了內閣同意。10月2日，小村訓令駐清公使伊集院彥吉與清政府開始談判。為了誘使清政府屈從日本所提出的侵佔中國東北各項權益的無理要求，日本政府下令封禁《民報》與中國革命黨人在日本出版的其他革命刊物，以示對清政府的「親善」。為抗議日本政府這一行動，章太炎同日本當局面對面展開了針鋒相對的鬥爭。

1908年10月19日，經小村壽太郎與內務大臣平田東助秘密策劃，

30　《山東巡撫袁樹勳致外務部電》，《民報》第二十四號，第78頁。
31　太炎：《中國之川喜多大尉袁樹勳》，《民報》第二十四號，第80頁。

日本員警總監龜井三郎簽署了一份由平田東助發佈的命令，藉口《民報簡章》和《民報》第二十四號發表的《革命之心理》一文違反了日本出版條例，勒令「停止其發賣頒佈」[32]。20日晚，由東京牛込員警署出面，向章太炎宣讀了上項命令。

21日，章太炎致書平田東助，退回他的命令書，對他的無理決定表示強烈抗議，指出：「《民報簡章》六大主義，前經貴內務省認可，今未將此項保證退還，突令不許登載與此簡章同一主義之事項，本編輯人兼發行人不能承認，特將此紙繳還貴內務省。如以擾害秩序為嫌，任貴內務省下令驅逐退出日本國境可也。」[33]23日，牛込員警署長奉命對章太炎「懇切曉諭」，說服他接受平田東助發佈的命令書。這位署長當著章太炎的面，承認「此事關於外交，不關法律」。章太炎於是給平田東助又寫去一信，痛斥日本當局同清朝政府的骯髒交易，並嚴正表示：日本政府「若以威嚇利咶之故，而以《民報》之革命宗旨與滿洲政府所贈利益交換，本編輯人兼發行人寧為玉碎，不為瓦全」。信中還說：「貴內務省既勒令本報改變簡章，請以新假定六大主義疏寫呈覽：一、滅盡世界立憲國；二、破盡世界偽平和；三、以中華帝國統一東亞；四、以專制政府攘逐蠻夷；五、不與獸性民聯合；六、不求賣淫國贊成。若作是說，語語與現在簡章異撰或且反對，未知貴大臣允許否也？」[34]26日，章太炎又第三次致書平田東助，揭露日本政府「迫脅《民報》使變其革命宗旨」，其實是「舍永

32　日本外務省檔案《〈民報〉關係雜纂》所收《乙秘第一○四二號（關於《民報》雜誌之件）》。

33　中國革命黨：《報告〈民報〉二十四號停止情形》，《新世紀》第七十九號。

34　日本外務省檔案《〈民報〉關係雜纂》所收《乙秘第一○七五號文書（關於《民報》之清國留學生其他之行動）》。

遠停止之名而取永遠禁止之實」，指出日本當局不敢將此事公諸日本報章而「惟欲深秘其事」，正暴露了他們幹的是見不得人的鬼蜮勾當。

為了衝破日本當局的新聞封鎖，把封禁《民報》的真相公之於世，章太炎以「中國革命黨」名義發表《報告〈民報〉二十四號停止情形》，並「以英文單行本投寄各方，籲請世界人士給予同情」。1908年12月7日檀香山《太平洋商業廣告報》便曾全文刊登了這份報告的英文本[35]。章太炎還與同盟會領導人黃興、宋教仁等反覆磋商，決定將《民報》遷往美國、法國或南洋出版，相約「勿以小挾灰心，勿以威武屈節，庶幾松柏後凋，竟伸其志」[36]。

在抗議封禁《民報》的鬥爭中，章太炎態度鮮明，立場堅定，鬥爭有力。他成了日本政府封禁《民報》的主要障礙。日本政府於是便想方設法試圖將章太炎逼走。11月13日，「有人對民報社放火」[37]。11月14日，牛込員警署派人來黃興住處探詢，章太炎是否願意由日本外務省支助一筆旅費渡航印度。為此，章太炎專函小村壽太郎，嚴詞拒絕。[38]日本方面本想利用章太炎赴印計畫，出一筆錢，將他送出境去，結果碰了一鼻子灰。他們承認：章太炎「對此非但不予理睬，且意志堅決，認為此際根本不屑收受日本政府支付之費用。……章之

---

35 日本外務省檔案《〈民報〉關係雜纂》所收《機密第十五號（駐檀香山總領事送呈外務大臣）》附件。

36 中國革命黨：《報告〈民報〉二十四號停止情形》，《新世紀》第七十九號。

37 日本外務省檔案《〈民報〉關係雜纂》所收《乙秘第一五六一號（清國人之談話）》。

38 日本外務省檔案《〈民報〉關係雜纂》所收《乙秘第一一二一號（章炳麟致小村大臣函）》。

真意，乃想前往美國，在該地鼓吹抵制日貨，打擊日本政府。」[39]日本當局這一招又遭失敗，清廷駐日使館於是親自出陣，指使汪雲於11月26日和30日兩次潛入民報社在飲食中下毒，「社員湯增璧飲茗，幾死」[40]，章太炎提高了警惕，這一陰謀也沒有能夠得逞。

在這些伎倆統統失敗後，日本當局只好自己撕破保障新聞與言論自由的「文明」假面具，在東京地方裁判所對章太炎開庭審訊。日本檢事在敘述起訴理由時說：「《民報》主張顛覆清朝，日本秩序並未受到什麼擾害。然而清國作為日本鄰邦，該國革命便與日本有重大關係。清國革命一旦爆發，日本人起而仿效，那就必導致嚴重後果。故此，必須判處《民報》為犯罪。」[41]對此，章太炎反駁說：「日本國的新聞條例，原禁止人家擾害日本的秩序，並不禁人家擾害別國的秩序。我這個《民報》一向說的顛覆清國政府，並沒有涉及日本，清國政府或者可以說我們擾害秩序，日本政府絕不能說我們擾害秩序的。……日本國家對著日本的人民，是認革命為擾害秩序的；若在我們的中國，卻不認革命為擾害秩序。因為中國的歷史，全是革命的歷史。……只能說謀反有罪，不能說革命有罪；謀反與革命，原是兩樣的觀念。所以非但日本不能說我們擾害秩序，就是清國政府，若嚴密的照法律講起來，也不能說我們擾害秩序。」[42]章太炎的辯護律師後藤德太郎則指出：「檢事謂清國革命將於日本有害，此乃系外交、政

39　日本外務省檔案《〈民報〉關係雜纂》所收《乙秘第一一二一號（關於章炳麟）》。
40　章太炎：《太炎先生自定年譜》光緒三十四年戊申。
41　日本外務省檔案《〈民報〉關係雜纂》所收《乙秘第一三七五號文書（〈民報〉公判之狀況）》。
42　《民報裁判情形報告書》，1908年12月16日新加坡《中興日報》。

治上的問題，而法庭所論及的只應是法律問題，因此，檢事的指控不能成立。」[43]章太炎的其他幾位辯護律師也分別從不同的方面駁斥了日本當局所提出的指控。

然而，封禁《民報》已是日本當局既定決策，儘管章太炎據理慷慨陳詞，並有陣容很強的律師隊伍，其實早已預先確定了審訊結論。12月12日上午9時，東京地方裁判所繼續開庭，裁判長不容分辯地宣佈了判決結果。根據判決，《民報》被禁止發行，而章太炎本人，作為《民報》編輯被判處罰款50日元，作為《民報》發行人另被判處罰金50日元，由於《民報》發行所位址變動未及時申報等，章太炎又被加處罰金15日元。後來，由於章太炎拒交罰金，東京小石川員警署1909年3月3日下令將章太炎拘留，並宣佈，將章太炎押往勞役場服役，以每做一天苦工抵1元罰金。章太炎的幾個學生聞訊，十分著急，「龔未生（寶銓）來找魯迅商量，結果轉請許壽裳挪用了《支那經濟全書》譯本的印費的一部分，這才解了這場危難」[44]。這一事實證實了章太炎在帝國主義列強面前沒有軟骨與媚骨，他的民族革命理論不是空談，而是行動的綱領，他本人就是這樣身體力行的。

4.2　民主主義

以民權、民主為中心的政治革命，是章太炎主持《民報》時期理論建樹的又一中心內容。在這一方面，和同盟會其他過多信奉西方民

43　日本外務省檔案《〈民報〉關係雜纂》所收《乙秘第一三七五號文書（〈民報〉公判之狀況）》。
44　周遐壽：《魯迅的故家》，上海出版公司，1952年版，第348頁。

主政治模式的成員相比，章太炎也是獨樹一幟。

《民報》上陸續發表的《官制索隱》、《中華民國解》、《五無論》、《國家論》、《政聞社大會破壞狀》、《與馬良書》、《代議然否論》等文，以及他為張繼翻譯的《無政府主義》一書所寫的序言，集中地表現了章太炎這一方面探索的成績。

同盟會的奮鬥目標之一，就是創立足以保障人民民主權利的共和國。資產階級的共和制度在歐美各國早就建立了，結果究竟如何呢？章太炎說：「世人矜美、法二國以為美談，今法之政治以賄賂成，而美人亦多以苟且致貴顯。……藉令死者有知，當操金椎以趣塚墓，下見拿破崙、華盛頓，則敲其頭矣。」[45]代議制度，本被看作維護民主權利的有力工具，可是，這些國家實際的情況，卻是：「議院者，受賄之奸府……選充議士者，大氐出於豪家；名為代表人民，其實依附政黨，與官吏相朋比，挾持門戶之見。則所計不在民生利病，惟便於私黨之為。」以此，他斷言：「議院者，國家所以誘惑愚民而鉗制其口者也。」他堅持必須使議員真正處於平民監督之下，充分代表民眾利益，否則，「有議院而無平民鞭箠于後，得實行其解散廢黜之權，則設議院者，不過分官吏之贓以與豪民而已」[46]。

章太炎在無政府主義特別是施蒂納無政府個人主義國家理論的影響下，提出了自己的國家學說。其要點有三：「一、國家之自性是假有者，非實有者；二、國家之作用，是勢不得已而設之者，非理所當

45　太炎：《官制索隱》，《民報》第十四號，第2頁。
46　太炎：《五無論》，《民報》第十六號，第3頁。

然而設之者；三、國家之事業是最鄙賤者，非最神聖者。」[47]

　　章太炎的國家學說與當時梁啟超所鼓吹的伯倫知理「國家至上」論、「國家為主體，人民為客體」論尖銳對立。他多處反覆強調，唯有所有具體的個人，方才是真正的主體。他寫道：「嗟乎！莽瀁平原，入其域而視之，始見土地，次見人民，烏睹所謂國家者？國家者，如機關木人，有作用而無自性，如蛇毛馬角，有名言而非實存。」[48]他以為，舉凡村落、軍旅、國家、法律、制度，它們都是由人創造的，只有各人方才「實有自性」，「要之，個體為真，團體為幻，一切皆然」。他反詰「國家主體」論者：「何得言離人以外別有主體？」[49]章太炎確認個人擁有不可剝奪的自然權利，應是國家主權的享有者。他認為，政府和國家的出現本身就是一種罪惡，但是這種制度的出現又是不可避免的，補救的辦法，就是必須堅持主權來自人民，政府必須對人民負責，必須接受人民的控制和監督。他說：「承天下之下流者，莫政府與官吏、議士若。行誼不修，賄賂公行，斯為官吏、議士，而總其維綱若為政府。政府之可鄙厭，寧獨專制？雖民主立憲猶將撥而去之。」然而，政府的存在畢竟不可避免，因為這是生民的需要。所以，他說：「嘗論政府之於生民，其猶乾矢鳥糞之孳殖百穀耶？百穀無乾矢鳥糞，不得孳殖，然其穢惡固自若。求無政府而自治者，猶去乾矢鳥糞而望百穀之自長。以生民之待政府而頌美之者，猶見百穀之孳殖而並以乾矢鳥糞為馨香也。」[50]矛頭所向是很清

47　太炎：《國家論》，《民報》第十七號，第1頁。
48　太炎：《五無論》，《民報》第十六號，第1—2頁。
49　太炎：《國家論》，《民報》第十七號，第2、4頁。
50　太炎：《官制索隱》，《民報》第十四號，第2頁。

楚的，他所抨擊的正是「豪右」對國家政權的壟斷，正是統治者憑藉國家政權的力量對民眾加以壓迫與欺凌。因此，他在比較各種政體的優劣時，強調說：「凡政體稍優者，特能擁護吏民，為之興利，愈於專制所為耳。」[51]

與此相應，在解釋國家的作用或職能時，章太炎認為，國家只有在防禦外敵入侵時方才表現出它的歷史合理性與必要性。他說：「國家初設，本以禦外為期。……向無外患，亦安用國家為？」[52]「今之建國，由他國之外鑠我耳。他國一日不解散，則吾國不得不牽帥以自存。」[53]他認為，為了對付帝國主義侵略的危險，有必要保留國家這一機器，但更為重要的是要使這個國家真正成為一個不是高踞於人民之上而是人民「僕役」的新型國家。

正因為如此，章太炎大聲疾呼，必須使國家之事業「還致於各各人民」，必須堅決反對將國家之責任、功業、榮譽統統歸之於國家元首或少數將相。他說：「至於國家之事業，……其為種族革命歟，政治革命歟，社會革命歟，必非以一人赴湯蹈刃而能成就。我倡其始，而隨我以赴湯蹈刃者尚億萬人。……余以為眾力集成之事，直無一可寶貴者，非獨蒞官行政為然，雖改造社會亦然。堯、舜云，亞歷山德云，成吉思汗云，華盛頓云，拿坡侖云，俾士麻云，于近世巴枯甯、苦魯泡特金輩，雖公私念殊，義利事異，然其事皆為眾力集成，則與炊薪作飯相若。……夫灶下執爨之業，其利於烝民者至多，然而未有

51　太炎：《官制索隱》，《民報》第十四號，第2頁。
52　太炎：《國家論》，《民報》第十七號，第5頁。
53　太炎：《國家論》，《民報》第十七號，第12頁。

視為神聖者。彼國家之事業，亦奚以異是耶？屍之元首則頗，歸之團體則妄，若還致於各各人民間，則無過家人鄙事而已。」[54]蒞官行政，以至改造社會，作為一種工作來說，它們都不比其他工作更神聖或更高貴一些，從事於這些工作者，沒有任何理由自踞於別人之上。由於國家事業總是集合群眾的力量方能成就，任何領袖人物便都沒有任何理由居天下之功為己有。章太炎以產品製造為喻，說明凡要製成一個產品，一要質料，二要作具，三要人力，「若夫國家之事業者，其質料與作具，本非自元首持之而至，亦非自團體持之而至，還即各各人民之所自有。然其功名率歸元首，不然則獻諸團體之中……斯則甚於穿窬發匱者矣」[55]。

正是這種鮮明的革命民主主義精神，使章太炎對於幸德秋水、堺利彥、張繼、劉師培等鼓吹的無政府主義，在許多重要問題上發生強烈的共鳴。張繼將義大利著名的無政府主義者馬拉跌士達所著《無政府主義》一書譯成中文，章太炎為它寫了序，稱讚這部著作「批搗政家，鋤犁駔儈，振泰風以播塵埃，鼓雷霆以破積堅，墮高堙卑，邱夷淵實，蕩複滿盈之器，大庇無告之民」，斷言「豈弟首途，必自茲始」[56]。然而，他並不認為中國就可以實行無政府主義。他指出：「若夫民族必有國家，國家必有政府，而共和政體於禍害為差輕，固不得已而取之矣。」共和政體並非理想境界，但是，比起其他政體來，畢竟為害要少一些。

54　太炎：《國家論》，《民報》第十七號，第8頁。
55　太炎：《國家論》，《民報》第十七號，第7—8頁。
56　太炎：《無政府主義序》（丁未十二月），《民報》第二十號，第130頁。

國家問題，是決定革命的性質、進程和結局的根本問題。它一直是革命派注意的一個中心問題，是《民報》同《新民叢報》論戰的焦點。梁啟超鼓吹「君主為國家統治之主體，而領土及臣民為國家統治之客體」的國家論，汪精衛、胡漢民等人曾有力地駁斥了梁啟超的理論，他們對於歐美共和制及代議制曾熱烈地謳歌過，甚至以為那一套制度可以完美無缺地集合民意，保障民權。章太炎先前就對代議制能否反映民意有懷疑與保留，但是，在走上革命道路時，他對建立共和還是無條件地贊成過。現在，生活實踐使他的觀點又發生了變化。他看到，歐、美那一套政治制度，說到底，無非是一些豪右專權，遠不是完美無缺；但也瞭解，「於滿洲政府顛覆後即行無政府」而不再「另立新政府」[57]，事實上行不通。他指出，共和制度是必不可免的一個過渡階段，但是，必須通過民眾充分有效地監督議員的辦法，改變那種不是使議員成為民眾的僕役、而是使議員成為民眾的主人的政治結構，這種共和制度方才可取。

　　然而，即便是這樣一種戰鬥的民主主義，章太炎也覺得並無足夠的把握保證它能夠給人們帶來真正的幸福。他無法找到解決這些矛盾的力量。從懷疑主義，最後走到了虛無主義，於是，1907年9月他寫出了《五無論》，說：將來儘管建立了共和制度，國界既存，政府仍在，便免不了還會繼續產生爭鬥；私有財產未滅，便免不了會繼續發生爭奪，重新導致階級產生；軍備武器沒有銷毀，便免不了會照舊成為殺掠的工具；家庭未曾廢絕，便免不了會照舊產生各種隔閡間介。為此，他認為，在建立共和制度之後，期以百年，應當令政權墮盡，

57　《社會主義講習會第一次開會記事》，《天義》第六卷。

以共產為生，熔解銃炮，廢絕家庭。然而，這時，矛盾也沒有最終解決。那時，既然人類仍然分為不同的聚落，「合旅相爭，其勢仍不能已」，為了剷除這一根源，那就必須做到「無聚落」──「農為遊農，工為遊工，女為遊女，苦寒地人與溫潤地人，每歲爰土易室而居，迭相遷移，庶不以執著而生陵奪」。他在《五無論》中進而指出：以上所說的無政府、無聚落，還只是試圖解脫無窮無盡的社會矛盾的第一步，種種社會矛盾事實上也不會就此完全消滅。現今的社會，現今的國家，都是人類從原人進化之後自己造成的，而原人則又是從微生物逐步進化而成的。「要使一物尚存，則人類必不能斷絕。新生之種，漸為原人，久更浸淫，而今之社會、今之國家，又且複見。」要徹底消除這些矛盾，在實現了無政府、無聚落以後，下一步就應當實現無人類、無眾生。而既然宇宙存在，就仍然有可能從星雲之中形成星球，形成地球，從無機物演變為有機物，以此，最後的解脫當是「無世界」。[58]

「五無」，最終走到了絕對的虛無主義。但它畢竟不是消極地逃避現實，而是對現實世界苦難的抗議。它既是對現存的世界秩序全面而徹底的否定，也是在現實的諸種矛盾面前找不到真正的出路而陷入絕望的表現。當時，在西方，在日本，社會現實已經清楚地說明，資本主義與資產階級的勝利，不僅意味著文明的進步，而且包含著罪惡的滋長。而中國資本主義發展過程中，人們所已蒙受的新的苦難和將要蒙受的苦難，又不能不捶擊著中國革命家們的心。「震于泰西文明

58　太炎：《五無論》，《民報》第十六號，第4—10頁。

之名，勸工興商，汗漫無制，乃使豪強兼併，細民無食」[59]，這是中國的現實，也是往後相當一段時間的必然趨勢。中國革命家們在為未來而英勇奮鬥，可是，等待著他們的那個未來，卻包含著新的危機和新的苦難。解決現實世界的諸種苦難的社會力量既然還沒有實際地形成，人們便只能從幻想中去尋求解脫的方法。章太炎思想的彷徨、懷疑、轉變，正深刻地反映了20世紀初中國社會和中國革命的這一特點。

面對聲勢日大的立憲運動，章太炎對未來中國所應建立的民主主義政治體制，作了更為具體的設計。

清政府1906年9月發佈了預備仿行立憲的上諭，召集國會和實行君主立憲似乎已經指日可待。1907年2月，自稱「大喜欲狂」的康有為，把號稱會員數十萬、遍佈海外170餘埠的保皇會改名為「國民憲政會」，準備做一個舉國大政俱歸其執掌的執政黨。梁啟超為了加強同國內立憲派頭面人物鄭孝胥、張謇、湯壽潛、湯化龍及清廷大吏袁世凱、岑春煊、趙爾巽、端方等人的聯絡，拉了主要在上海活動的馬良等人，組織了「政聞社」，10月17日在東京舉行了成立大會。與此同時，曾附和革命、擔任過留日學生聯合會副會長的楊度在東京組織了憲政講習所，上海、湖北、湖南、廣東等地官、紳、商、學各界名流分別建立了預備立憲公會、憲政籌備會、憲政公會、自治會。1908年9月，清廷正式公佈《憲法大綱》、《議院法要領》、《選舉法要領》，宣佈以九年為預備立憲期限。針對中國政治舞臺上這些事態，章太炎

59　軍政府（章太炎撰寫）：《討滿洲檄》，《天討》，第6頁。

在《民報》上對清朝預備立憲的騙局作了無情的揭露，對立憲黨人作了嚴正的批評和誠意的規勸。

當梁啟超、蔣智由等人組織政聞社時，章太炎就反覆強調指出：「憲政者，特封建世卿之變相。」[60]他說，基於中國當時社會構成，於專制君主與人民之外，「無故建置議士，使廢官豪民梗塞其間，以相淩轢，斯乃挫抑民權，非伸之也」[61]。這是因為中國現實的社會決定了當選為議員者，不可能是一般平民，而只能是「故官大駔」、「顯貴仕宦」之流。這些人平日在鄉里中就以斂民、賊民、妨民著稱，現今一旦成為議員，大權在握，則無異於「為虎著冠」。所以，清廷統治下的憲政，必定於國之富強無益，於民之利病無與，「徒令豪民得志，苞苴橫流，朝有黨援，吏依門戶，士習囂競，民苦騷煩」[62]。

1908年夏，有人致函《民報》，揭露兩江總督端方侵吞江北賑款至三百萬。端方是出使考察各國憲政的五大臣之一，在滿族貴族中以熱心鼓吹仿行立憲而著稱。章太炎在《民報》上公佈了這封來信，並就此發表評論說：「今之亂政，滿洲政府為根株，而立憲變法諸家為之加厲。何也？今之言立憲變法者，非為內治而起，乃為外交而起。寢食不忘，惟斂財治兵是務，而官常清濁、民生疾苦，非其口所欲說耳所欲聞者。……彼袁世凱、端方者，縱橫之士擁戴以為憲政巨公者也。既為憲政巨公矣，雖有鬻貨殃民之事，而朝士視之，以為分所應為，且謂小節出入，無傷大體。故侵蝕至三百萬，其事未嘗見於彈

---

60 太炎：《政聞社員大會破壞狀》，《民報》第十七號。
61 太炎：《與馬良書》，《民報》第十九號，第109—110頁。
62 太炎：《政聞社員大會破壞狀》，《民報》第十七號。

章，雖民間清議亦相與優容之。」[63]斂財治兵，乃是被清末新洋務派官僚和立憲黨人吹得天花亂墜的所謂「富國強兵」。章太炎在這裡切中要害地揭露了這些「憲政巨公」眼中根本沒有廣大民眾的疾苦，他們搞「憲政」也完全不是為了改善民眾經濟政治生活，只是給清廷種種黷貨殃民的罪惡行徑提供了新的保護色。

至於清廷所進行的立憲活動，章太炎指出，這純然是一場政治騙局。他在《虜憲廢疾》中，對清廷頒佈的《欽定憲法大綱》作了詳細的剖析，充分論證了這個大綱「不為佐百姓，亦不為保乂國家，惟擁護皇室尊嚴是急」，並斷定它絕不可能有什麼生命力。他寫道：「嗚呼！虜廷之疾，已死不治，而欲以憲法療之；憲法之疾，又死不治。持脈寫聲，可以知其病態矣。」[64]

這時，章太炎對代議制採取了更加嚴厲的批判態度。他在許多文章中都反覆證明，代議制不僅有礙於民族主義的實現，而且有礙於民權主義和民生主義的實現。他說，在中國現實情況下，若實行普選制，無論是直接選舉，還是間接選舉，都免不了要導致「上品無寒門，而下品無膏粱，名曰國會，實為奸府，徒為有力者傅其羽翼，使得臘齊民」；若實行有限選舉，無論以所納土地稅為限制，還是以所納所有項目稅款為限制，結果也必然同樣「進之則所選必在豪右，退之則選權墮於一偏」[65]。以此，他斷然指出：「民權不藉代議以伸，而反因之掃地。他且弗論，君主之國有代議，則貴賤不相齒；民主之

63　太炎：《滿洲總督侵吞賑款狀》，《民報》第二十二號，第38—39頁。
64　太炎：《虜憲廢疾》，《民報》第二十四號，第18—19頁。
65　太炎：《代議然否論》，《民報》第二十四號，第8頁。

國有代議，則貧富不相齒。橫於無階級中增之階級，使中國清風素氣，因以摧傷，雖得宰製全球，猶弗為也。」[66]正因為議院必然為豪右大駔所主宰，它就必定要成為嚴重阻礙民生主義得以實現的絆腳石：「若就民生主義計之，凡法自上定者，偏於擁護政府；凡法自下定者，偏于擁護富民；今以議院屍其法律，求壟斷者惟恐不周，況肯以土田平均相配？」[67]

對怎樣建立一個比代議政體更能恢廓民權的國家，章太炎設計了比之過去更加具體的方案。這個方案，大致包括以下幾方面的內容：

一、「代議不可行，而國是必素定。陳之版法，使後昆無得革更」；

二、「總統惟主行政、國防，於外交則為代表，他無得與，所以明分局也」；

三、「司法不為元首陪屬，其長官與總統敵體，官府之處分、吏民之獄訟，皆主之。雖總統有罪，得逮治罷黜。所以防比周也」；

四、「學校者，使人知識精明、道行堅厲，不當隸政府……所以使民智發越、毋枉執事也」；

五、「凡制法律，不自政府定之，不自豪右定之，令明習法律者與通達歷史、周知民間利病之士參伍定之，所以塞附上附下之漸也」；

66　太炎：《代議然否論》，《民報》第二十四號，第10頁。
67　太炎：《代議然否論》，《民報》第二十四號，第9頁。

六、「法律既定，總統無得改，百官有司毋得違越……總統與百官行政有過，及溺職受賄諸罪，人人得訴於法吏，法吏徵之、逮之而治之」；

七、「輕謀反之罪，使民不束縛於上也；重謀叛之罪，使民不攜貳於國也；有割地賣國諸罪，無公佈私行，皆殊死」；

八、「民無罪者無得逮捕，有則得訴於法吏而治之……民平時無得舉代議士，有外交宣戰諸急務，臨時得遣人與政府抗議……民有集會、言論、出版諸事，除勸告外叛、宣說淫穢者，一切無得解散」；

九、「政府造幣，惟得用金、銀、銅，不得用紙，所以絕虛偽也……不使錢輕而物益重，中人以下皆破產也」；

十、「輕盜賊之罪，不厚為富人報貧者也；限襲產之數，不使富者子孫躡前功以坐大也」；

十一、「田不自耕植者不得有，牧不自驅策者不得有，山林場圃不自樹藝者不得有，鹽田池井不自煮暴者不得有，曠土不建築穿治者不得有。不使梟雄擁地以自殖也」；

十二、「官設工廠，辜較其所成之直四分之，以為餼稟，使役傭于商人者，窮則有所歸也；在官者身及父子皆不得兼營工商，託名於他人者，重其罪……不與其借政治以自利也」。[68]

有鑒於歐美等國「爵位廢而兼併行」的教訓，章太炎又提出，在

68　太炎：《代議然否論》，《民報》第二十四號，第11—13頁。

建立共和政體之後，「當置四法以節制之：一曰均配土田，使耕者不為佃奴；二曰官立工廠，使傭人得分贏利；三曰限制相續，使富厚不傳子孫；四曰公散議員（凡議員有貪汙事，平民得解散之；議院本由民間選舉，自當還付民間解散……），使政黨不敢納賄。」他斬釘截鐵地說：「斯四者行，則豪民庶幾日微，而編戶齊人得以平等。……雖然，是四制者，特初級苟偷之法，足以補苴罅隙而已。欲求盡善，必當高蹈太虛。然非有共和偽政及其所屬四制以為之基，寧有翔蹶虛無之道？」

章太炎說，他所提出的這一方案，概括說來，一是要「抑官吏，伸齊民」，二是要「抑富強，振貧弱」。[69]從上面所列舉的各項內容可以看出，這並非言過其實。這也說明，章太炎批判代議制度與立憲運動，絕非企圖維護保持中國古老的封建君主專制制度，恰好相反，他所追求的，乃是創建一種具有名副其實的民主精神的新的政治制度。

4.3　行動方策

章太炎是一位革命的思想家、理論家，同時，也很重視革命的實際行動。景定成回憶說：「先生雖以學問獨步一世，而對於革命，則以實行為重。曾一度於《民報》秘密會議席上，嗔責能文同志曰：『我輩以言語鼓吹革命，如祭祀之贊禮生，僅傍立而口喊儀節，而看他人跪拜行禮而已。』同人聞之，多為感動，於是棄筆墨而從事於實

69　太炎：《代議然否論》，《民報》第二十四號，第12、13頁。

際革命者，乃接踵發現於內地。」[70]重視理論宣傳，更注重實現革命目標的策略路線和艱苦的實際工作，這是章太炎加強同盟會自身建設的又一重要貢獻。

為了加強革命黨的建設，章太炎與孫中山、黃興一道，制定了同盟會的《革命方略》。當章太炎抵達東京時，孫中山正在新加坡、吉隆玻、西貢等地發展同盟會組織，指導武裝起義的準備工作，10月9日，方才返回日本。章太炎與孫中山別後重逢，都為同盟會的成長壯大感到歡欣鼓舞。這時，孫中山住在東京牛込區築土八幡町二十一番地，與民報社相隔不遠，章太炎每天都要步行到孫中山住所，同他認真地進行討論與研究。黃興住在東五軒町四十九號，離孫中山住所也很近，同樣每天前來相聚。他們共同制定的《革命方略》，包括《軍政府宣言》、《軍政府與各處民軍之關係條件》、《軍隊之編制》、《將官之等級》、《軍餉》、《戰士賞恤》、《軍律》、《略地規則》、《因糧規則》、《安民佈告》、《對外宣言》、《招降滿洲將士佈告》、《掃除滿洲租稅厘捐佈告》等十四個文件。[71]這是他們為各地同盟會成員發動武裝起義、建立革命政權而制定的各項具體政策。在這些檔中，「自由、平等、博愛」被宣佈為行將到來的國民革命「一貫之精神」，同盟會「驅除韃虜，恢復中華，建立民國，平均地權」的綱領得到了進一步的闡釋，未來的革命軍政府對內對外政策得到了相當明確的規定。

70　景定成：《悲憶太炎師》，《制言》第二十五期。

71　見斷水樓主人（池亨吉）著、樂嗣炳譯：《中國革命實地見聞錄》。胡漢民編《總理全集》第一集第288—319頁所錄相同。

為了加強同盟會的思想和組織建設，章太炎針對革命隊伍中的一些錯誤傾向，提出了中肯的批評和告誡。其中最突出的便是1906年12月2日《民報》創刊一周年紀念大會上他對「督撫革命」論的批評。這次紀念大會在錦輝館舉行，與會者五千餘人，是辛亥革命前留日學生與革命黨人在東京最盛大的一次集會。大會由黃興主持，由章太炎讀祝辭。然後，孫中山在會上發表了關於民族主義、民權主義、民生主義三大主義的著名演說，章太炎又接著就如何進行革命的問題講了話。章太炎指出：「以前的革命，俗稱強盜結義；現在的革命，俗稱秀才造反。強盜有力量，秀才沒有力量，強盜仰攀不上官府，秀才仰攀的上官府」，於是，有些革命黨人便想借助於督撫的權力，發動所謂「督撫革命」。針對這種相當流行的認識，他具體分析了清朝督撫的實際狀況，證明瞭「督撫革命萬無可望」。章太炎並指出：

　　　　且看從古革命的歷史：凡從草茅崛起的，所用的都是樸實勤廉的人士，就把前代弊政一掃而盡；若是強藩內侵，權臣受禪，政治總與前朝一樣，全無改革，因為帝王雖換，官吏依然不換，前代腐敗貪汙的風俗流傳下來，再也不能打掃。象現在官場情景，微蟲黴菌，到處流毒，不是平民革命，怎麼辟得這些瘴氣？若把此事望之督撫，真是其愚不可及了。[72]

　　在革命的實行方面，章太炎除去繼續重視聯絡和發動會黨外，還強調重視新軍軍隊的秘密工作。他在《民報》第十一號發表的《軍人

72　民意：《紀十二月二日本報紀元節慶祝大會事及演說辭》，《民報》第十號。

貴賤論》中指出：「兵者，為國爪牙。以捍衛其人民、土地，使他族毋得陵逼而宰製之，此兵之所以貴。若夫入受命於政府，出而劀除寇盜、鎮服潢池者，無過魁儈伍伯之等夷，又況效忠虜庭，為梟為犲區，以拒倡義之師乎？」軍隊是否可尊貴，取決於它究竟是保護人民還是鎮壓人民。根據這一標準，章太炎斷然指出，清政府所建立的新軍，儘管有士人加入行伍使軍隊構成與舊軍有所不同，在步伐齊均、紀律嫻習、通知文字、護惜威儀方面也都超過了舊軍，然其本質卻同舊軍一樣，因為它的建立，並不是用於抵禦歐美諸國侵擾，而是用於防制吾民，因此，應當視之為「人類之至賤者」。但是，卻不能因此就聽之任之，無所作為。「夫不憚以身為廝養臧獲，展布四體，以趨胡羯笞箠之下，卒其所謀，乃歸於反正者，此其心至哀隱，其行亦天下之至高也。」章太炎以為，這雖然也可以說是一種借權之事，卻比較有成功之望，只是非得不畏艱難、堅忍為之，則不能奏效。這是對當時留日的一大批陸軍學生當頭棒喝，要他們清醒地認識自己的地位，選擇正確的道路，也是對革命黨人參加新軍，做切實「反正」工作的急切呼籲。

當章太炎主持《民報》的時候，《民報》與《新民叢報》的論戰已經激烈地你來我往進行了半年多，在一系列重大問題上，《新民叢報》已經明顯地處於不利地位。在《民報》咄咄逼人的攻勢面前，梁啟超發覺難以招架，便一再挽人出面「調停」。章太炎根本沒有理睬這類「調停」的建議。在接編《民報》後，從7月到12月出版的第六至第十各號中，章太炎就發表了精衛、漢民、縣解、寄生等撰寫的《駁革命可以召瓜分說》、《再駁〈新民叢報〉之政治革命論》、《滿

洲立憲與國民革命》、《駁革命可以生內亂說》、《雜駁〈新民叢報〉第十二號》、《排外與國際法》、《就論理學駁〈新民叢報〉之論革命》、《答新民難》、《復仇論》等十多篇論戰文章，幾占各期一半以上篇幅。

值得注意的是章太炎自己在《民報》第十號發表的《箴新黨論》。這篇文章，敘述了以康有為為代表的「新黨」形成演變的過程，揭露他們的致命弱點是「競名死利」。正因為如此，他們與舊黨相較，「挾術或殊，其志則非有高下也」。而就他們的政治主張和改良主義理論而言，實在也並不怎麼高明：「夫其所操技術，豈謂上足以給當世之用，下足以成一家之言耶？汗漫之策論，不可以為成文之法；雜博之記誦，不可以當說經之詁；單篇之文筆，不可以承儒墨之流；匿采之華辭，不可以備瞽矇之頌；淫哇之賦詠，不可以瞻國政之違。既失其末，而又不得其本，視經方陶冶之流，猶尚弗及，亦曰：以是嘩世取寵而已。」當時，一批所謂新學學生或留學歸國，或畢業於國內新學學堂，在清政府許多機構中供職，章太炎在文章中指出：「諸學生之所為者，又新黨之變形也。夫其學術風采，有異昔時，諸所建白，又稍稍切於時用，然其心術所形，舉無以異於疇昔。」「然則新黨者，政府之桀奴；學生者，當塗之順僕。」

這篇文章對所謂「新黨」作出的估量，既是對梁啟超等人有力的一擊，也給革命黨自身的建設提供了一個反面的鑑戒。當時正在日本留學的許壽裳介紹這篇文章時說過：「凡此所言，皆足以使人警惕，

因之同志們奉為圭臬，節操彌堅，捨命不渝，敵愾致果。」[73]

章太炎還專門提出了加強革命道德建設的問題。他在《民報》第八號上發表《革命之道德》長文，指出：「今之道德，大率從於職業而變。都計其業，則有十六種人：一曰農人，二曰工人，三曰裨販，四曰坐賈，五曰學究，六曰藝士，七曰通人，八曰行伍，九曰胥徒，十曰幕客，十一曰職商，十二曰京朝官，十三曰方面官，十四曰軍官，十五曰差除官，十六曰雇譯人。其職業凡十六等，其道德之第次亦十六等。」他認為，農民於道德為最高，工人次之，「以此十六職業者第次道德，則自藝士下，率在道德之域，而通人以上，則多不道德者」。全體社會成員分成了兩大類，道德與不道德的區別大體符合中國當時被統治階級與統治階級的分野。

革命黨人的道德狀況怎樣呢？章太炎說，今之革命黨者，農、工、裨販、坐賈、學究、藝士之倫雖與其列，而提倡者多在通人。「通人者，所通多種，若樸學，若理學，若文學，若外學，亦時有兼二者。」實際上，就是一批中下層知識份子。他認為，「使通人而具道德，提倡之責，舍通人則誰與？然以成事驗之，通人率多無行」。這種狀況，使革命的領導者因其道德品質不高而不足以領導革命走向勝利。「今與邦人諸友同處革命之世，偕為革命之人，而自顧道德猶無以愈於陳勝、吳廣，縱令瘏其口，焦其唇，破碎其齒頰，日以革命號於天下，其卒將何所濟？」尤為嚴重者，是一些革命者對此非但不感到不安，反而心安理得地用「公德不踰閑，私德出入可也」來給自

73　許壽裳：《章炳麟》，第54頁。

己開脫與辯解。章太炎認為，這種辯解完全不能成立，因為在小德、私德方面不注意，就很難保證大德與公德的卓犖堅毅。他以此斷言：「吾於是知優於私德者亦必優於公德，薄於私德者亦必薄於公德。而無道德者之不能革命，較然明矣。」

章太炎提出，對於革命者來說，在道德修養方面必須具有「確固堅厲，重然諾，輕死生」的品質，為此，就應當做到「一曰知恥，二曰重厚，三曰耿介，四曰必信」。宣導革命之道德，顯然是要使廣大革命者有足夠的精神力量，去迎接這樣的鬥爭。章太炎反覆強調「道德者，不必甚深言之，但使確固堅厲，重然諾，輕死生則可矣」，表明他所最關心的正是百折不回、敢於犧牲的精神。到達東京後，他曾在《民報》上刊登一封感謝信，說：「接香港各報館暨廈門同志賀電，感愧無量。惟有矢信矢忠，竭力致死，以塞諸君之望。特此鳴謝。章炳麟頓首。」[74]矢信矢忠，竭力致死，這正是他所宣導的革命之道德的基本內容。

章太炎為突出道德修養的作用，斷言「道德墮廢者，革命不成之原」，這就違背了他自己原先所說的道德本身決定於或受制約於人們的職業或社會地位的觀點。然而，儘管如此，《革命之道德》這篇文章的發表，還是在廣大革命志士中引起了強烈的反響。景定成回顧章太炎在《民報》上發表的文章時，曾經說過：「別的先莫說起，單是一篇《革命之道德》，便把學界全體激動起來，有多少頑固老先生見了這種議論，也都動魄驚心，暗暗地贊成了種族主義。我乘這時候，

74　《章炳麟告白》，《民報》第六號。

才聯絡人入同盟會。」[75]

在同盟會主要領導人之間，圍繞著革命的策略路線，產生過若干分歧，一度還曾因此而引發相當激烈的衝突。和章太炎直接相關的，一是《民報》經費問題，二是武裝起義地點選擇問題，三是《民報》被日本當局封禁後復刊問題。在這三個問題上，章太炎和孫中山各執一端，並因此而發展到互相攻訐，組織上各人自成一系。

《民報》經費問題，起因於1906年12月萍、瀏、醴起義後，日本執政的西園寺公望內閣接受了清朝政府的要求，下令驅逐孫中山出境，並讓日本中央大學、早稻田大學開除39名與革命黨有關係的留學生。

孫中山於1907年6月4日離日前，共接受日本方面贈款一萬七千元，他急於用這筆款項去南方邊境發動起義，便以一千元用於舉行告別宴會，以二千元交章太炎作《民報》經費，將其餘款項全部帶走。加入同盟會的日本浪人平山周、北輝次郎、和田三郎等趁機調唆。章太炎因《民報》經費困難，曾要求孫中山將鈴木贈款全部留給《民報》使用，這時聽平山周等說孫中山還另外接受日本政府秘密贈款，不作深入瞭解，便以為孫中山的作為有違革命道德，意氣用事地把民報社所懸掛的孫中山像取下，並提議革除孫中山的同盟會總理職務。[76]正在這時，又傳來孫中山所指揮的黃岡、七女湖起義相繼失敗的消息，張繼、章太炎便正式要求召集同盟會大會，罷免孫中山總理

75　景定成：《罪案》，第58頁。
76　胡漢民：《南洋與中國革命》，見張永福編：《南洋與創立民國》。

職務，改選黃興為總理。因庶務幹事劉揆一力排眾議，黃興也來信調解，事態方才沒有擴大，但已嚴重傷害了雙方感情。緊接著，孫中山為發動廣東欽、廉起義，派萱野長知返回日本會同宮崎寅藏等購買一批槍械，在萱野九月押運械器離日後，平山周、和田三郎忽然趕到民報社，告訴章太炎、宋教仁等人：「吾黨在日新購槍械，屬明治十八式，陳舊不堪作戰。」章、宋等聞訊後，「遽用民報社名明電香港《中國日報》，謂械劣難用，請停止另購」。孫中山為此大為惱火，以為章、宋「洩漏機密，破壞戎機」[77]，孫中山致函宮崎寅藏，將在日本進行活動的全權交給宮崎一人，表示對其他人都不再信任，[78]雙方感情進一步惡化。

1908年《民報》被封禁時，章太炎力主遷往美國或其他地方繼續出版，而這樣做，則必須籌集相當一筆經費。他急函孫中山，要求資助。而孫中山這時正為安置雲南河口之役退入越南並被輾轉遣送到新加坡的數百名革命軍將士忙得焦頭爛額，無暇顧及《民報》復刊之事。章太炎以為孫中山是故意置之不理。他氣憤地責備孫中山說：「《民報》被封，猝謀遷徙，移書告急，一切置若罔聞。」想到自己的遭際，「羈旅異邦，絕無生產，限期既滿，將以役作抵罰金，身至警署，坐待累紲，猶恃一二知友，出資相待，得以濟事」，再看到孫中山「忝為盟長，未有半銖之助」，他不禁大動肝火。[79]以致當民報社同人一次集議《民報》續刊方法時，他竟負氣地「當眾辭職，並謂

77　馮自由：《吊章太炎先生》，《制言》第二十五期。
78　孫中山：《丁未致宮崎書》（1907年9月13日），胡漢民編：《總理全集》第三集，第119頁。
79　章太炎：《偽〈民報〉檢舉狀》，1909年11月6日《南洋總匯新報》。

此後不再與聞《民報》之事」[80]。

在武裝起義地點選擇問題上，孫中山堅持應當全力在兩廣、雲南邊境地區發動，因為這一帶既有現成的會黨力量可以利用，從國外接濟軍火又最方便，條件比之國內其他地區都較優越。1907至1908年間，他在中國南部親自領導發動了黃岡、惠州七女湖、防城、鎮南關、欽廉上思、河口等六次起義，耗費了大量心血，用掉了艱苦募集得來的幾乎全部經費。這六次起義都很快地被清朝地方當局一一鎮壓下去，它們在政治上、軍事上都未能給清朝統治造成明顯威脅。這樣，章太炎和原光復會系統陶成章、原華興會系統宋教仁等人對於孫中山專在邊境地區發動起義的策略是否正確，便產生了懷疑。他們認為，長江流域廣大地區具有雄厚的革命基礎，在這一帶發動起義影響更大，可以在政治上、軍事上給清政府以更大的打擊，同時也較有成功的可能。他們要求同盟會將策動武裝起義工作的重點從南部邊境地區轉向內地，特別是長江流域。可是，在相當一段時間中，孫中山對這些要求沒有給予足夠的重視，也沒有從人力、財力、物力上給內地工作以必要的積極支持，相反，阻止陶成章等人為此而向南洋華僑籌款，矛盾於是擴大化。同盟會章程曾規定：「凡會員皆得選舉被舉為總理及議員及各地分會長。」總理「四年更選一次，但得連舉連任」[81]。1909年8月，正值四年到期，陶成章即利用這一機會，策動在南洋頗有影響的李燮和、陳威濤等人，以「東京南渡分駐英、荷各屬辦事川、廣、湘、鄂、江、浙、閩七省之同志」的名義，提出一份《宣

80　《民報》第二十六號《啟事》。
81　《中國同盟會總章》（1906年改訂），鄒魯：《中國國民黨史稿》第一冊，第48頁。

佈孫文南洋一部之罪狀致同盟總會書》，羅致「罪狀三種十二項」，提出「以後辦法」九條，要求同盟會總部罷免孫中山「總理」職務，甚至要求將孫中山開除出同盟會，將內部紛爭衝突一下子推到了破裂的邊緣。

正在這時，又發生了汪精衛受孫中山之命從南洋來到東京，完全撇開章太炎而秘密籌備《民報》復刊的事件。汪精衛自行編輯出版了《民報》第二十五號。這在原來的分歧與衝突上，又不啻火上加油。章太炎怒不可遏，在陶成章的鼓動下，撰寫了致美洲、南洋等處公函《偽〈民報〉檢舉狀》，印成傳單，散發各處，並在東京《日華新報》揭載。《偽〈民報〉檢舉狀》，說汪氏系「假託恢復之名，陰行欺詐之實」，「思欲騰布南洋、美洲，借名捐募」。「檢舉狀」還詞連孫中山，甚至宣稱：「昔之《民報》為革命黨所集成，今之《民報》為孫文、汪精衛所私有。豈欲申明大義，振起頑聾？實以掩從前之詐偽，便數子之私圖。」章太炎貿然發佈傳單，將內部爭吵公之於世，保皇派的喉舌《南洋總匯新報》於1909年11月6日轉載了《偽〈民報〉檢舉狀》，改題為《章炳麟宣佈孫文罪狀書》，乘機對孫中山和革命黨人大肆進行辱罵與攻擊。黃興以中國同盟會庶務部的名義，發佈《致美洲各埠中文日報同志書》，說明章太炎、陶成章等發往美洲、南洋等地「公函」絕不代表同盟會總部之意，強調「近日奸細充斥，極力欲搖撼本黨，造謠離間之事陸續不絕，同人可置之不理」[82]。香港《中國日報》發表文章稱章太炎為「滿洲鷹犬」、「中國革命黨之罪人，《民報》之罪人」，甚至指責章太炎不該在《民報》發表《無神

82　黃興：《致美洲各埠中文日報同志書》（1909年11月7日），《黃興集》，第11頁。

論》一文，說這篇文章一登，「以致內外同志多疑《民報》為排斥耶蘇之機關報，搖惑人心，莫此為甚」。文章還說，章太炎著文批判《新世紀》無政府主義，純為「以個人私怨」借《民報》「為攻城之具」，「傷害同志之感情，徒貽外人之笑柄」。文章甚至把日本政府封禁《民報》的罪責也一古腦兒推到章太炎身上，說什麼「《民報》出版以來，日政府絕不干涉，乃章炳麟倡言恢復臺灣、朝鮮之義，又鼓吹暗殺，以挑動日人之惡感情，遂故有停止發行之命令」[83]。總之，他們對章太炎先前整個革命經歷以及他所主編的《民報》全盤加以否定。

爭吵的雙方，都競相把污水潑得對手滿頭滿身。他們因策略路線上的一些分歧彼此互相傷害到如此程度，不僅使雙方在改選總理和復刊《民報》等問題上的分歧無法心平氣和地通過協商得到解決，而且使雙方的惡感發展到根本無法再在同一個組織中共事下去。正是在這一情況下，章太炎與陶成章決定重建光復會。

1910年2月，光復會正式宣告重新成立。在東京建立了總部，章太炎任會長，陶成章任副會長。根據陶成章的創議，總部「分評議、執行二部，分立許可權，各行其事，既無不能統一之虞，又有互相監督之效」[84]。通訊聯絡，創辦了《教育今語雜誌》，以雜誌社為公開的對外聯繫機關。因為重建後的光復會主要成員都集中在南洋一帶，由李燮和等在南洋成立了「行總部」，「代東京總部行事，以便就近

83　《為章炳麟叛黨事答覆投書諸君》，1909年11月30日《中興報》。
84　陶成章：《致李燮和、王若愚函》，《陶成章信箚》，第22頁。

處置一切事宜」[85]。

　　同盟會在組織上終於分裂了。一是光復會重建，二是孫中山將許多地區同盟會改為中華革命黨，三是1911年夏宋教仁、譚人鳳等在上海組織中部同盟會。統一的同盟會這時實際上已一分為三。

　　這一場以組織上公開分裂而告終的內鬨，對章太炎精神上打擊很大。光復會重建以後，雖然創辦了《教育今語雜誌》作言論機關，但是，在日本政府嚴密監視下，他們根本不可能自由地發表政論，宣傳革命。這份雜誌由錢玄同負責具體編輯事務，章太炎只以筆名在上面發表了一些學術性的白話演講詞，沒有一篇政治性論文。這使他更感到沉悶。加上他雖然擔任了光復會會長，陶成章卻並不想讓他介入實際鬥爭的領導工作，在陶成章的心目中，他所能起的作用只在於「聯絡各埠」，以後則應改任「教育會會長」[86]，在這一情況下，他把自己的主要精力都轉向講學與撰寫學術性的著作。

85　陶成章：《致管慎修函》，《陶成章信箚》，第50頁。
86　陶成章：《致石哥（魏蘭）函》，《陶成章信箚》，第54—55頁。

第五章

章學新階

5.1　講習國學

在因蘇報案被拘期間，章太炎寫過一篇《癸卯獄中自記》，認為他在宣導革命、創建民族國家方面所能作出的貢獻，別人也可以作出，而他在創建新型民族文化方面所能作出的貢獻，則幾乎無人可以替代或相比肩。他十分自負地寫道：

> 上天以國粹付余。自炳麟之初生，迄於今茲，三十有六，鳳鳥不至，河不出圖，惟余亦不任宅其位。緊素王素臣之跡是踐，豈直抱殘守闕而已？又將官其財物，恢明而光大之。懷未得遂，累于仇國。惟金火相革歟，則猶有繼述者；至於支那閎碩壯美之學，而遂斬其統緒。國故民紀，絕於余手，是則余之罪也。[1]

出獄東渡以後，在1906年7月15日東京留學生召開的盛大歡迎會上，章太炎發表了長篇演說，演說的一個重要主題就是「用國粹激動種姓，增進愛國的熱腸」。在演說中，他對什麼是國粹，為什麼要提倡國粹，作了一段通俗的解釋與說明。他說：

> 為甚提倡國粹？不是要人尊信孔教，只是要人愛惜我們漢種的歷史。這個歷史，是就廣義說的，其中可以分為三項：一是語言文學，二是典章制度，三是人物事蹟。近來有一種歐化主義的人，總說中國人比西洋人所差甚遠，所以自甘暴棄，說中國必定滅亡，黃種必定剿絕。因為他不曉得中國的長處，見得別無可愛，就把愛國愛種的心一

1　《太炎文錄初編》一。

日衰薄一日。若他曉得，我想就是全無心肝的人，那愛國愛種的心，必定風發泉湧，不可遏抑的。[2]

這裡，他明確地指出了提倡國粹，就是要求人們尊重自己民族的歷史，熟悉自己的國情，瞭解中國自身的長處，而絕不是要人們信奉孔教，也絕不要人們去忠君、尊孔、宗經、明綱，死死抱住那些東西不放。而之所以這樣，就是要人們拋掉民族虛無主義，去掉民族自卑感，增強民族自尊心與自信心，堅信中華民族完全能夠自立於世界文明民族之林。

主持《民報》編輯工作以後，章太炎除去通過《民報》宣傳自己的主張外，還同其他一些革命黨人聯合於1906年9月創設了「國學講習會」。從以「國學講習會發起人」的名義發表的《國學講習會序》[3]中，可以看出這一小團體宗旨之所在。

為什麼要「講習國學」？序文說：「夫國學者，國家所以成立之源泉也。吾聞處競爭之世，徒恃國學固不足以立國矣，而吾未聞國學不興而國能自立者也。吾聞有國亡而國學不亡者矣，而吾未聞國學先亡而國仍立者也。故今日國學之無人興起，即將影響於國家之存滅。」序文又說：「夫一國之所以存立者，必其國有獨優之治法，施之於其國為最宜；有獨至之文辭，為其國秀美之士所愛賞。立國之要素既如此，故凡有志於其一國者，不可不通其治法，不習其文辭。苟不爾，則不能立於最高等之位置，而有以轉移其國化。此定理也。」

2　　章太炎：《演說錄》，《民報》第六號，第9—10頁。
3　　《民報》第七號「來稿」。

民族語言、民族文化、民族共同心理狀態，以及民族傳統，在近代民族國家興衰存亡中的重要作用，在這一立論中被尖銳地提了出來。

國學講習會「其科目分預科、本科。預科講文法、作文、歷史；本科講文史學、制度學、宋明理學、內典學」[4]。章太炎親自「臨席宣講」。今存日本秀光社1906年9月出版的《國學講習會略說》一冊，收錄了他的三篇講詞：《論語言文字之學》、《論文學》、《論諸子學》。《國學講習會序》說：「精通國學，能合各種之關鍵而鉤聯之，直抉其受蔽之隱害，層層剔抉，而易之以昌明博大之學說，使之有所據，而進之以綿密精微之理想，使之有所用」，這正可看作章太炎與國學講習會為自己所確定的主要使命。

講習國學，與研求新學，並非互不相容。《國學講習會序》明確指出：「真新學者，未有不能與國學相挈合者也」；同時，「今之言國學者，不可不兼求新識」。這篇序文反對把研求新學視為「利祿之途」、「利祿之階梯」，尤其反對「略識西字」，便「奴於西人，鄙夷國學為無可道者」，反覆強調了研求新學時，必須擺脫幾千年來治學「僅為世主之所利用」的「劣根性」。序文還強調，研求新學與講習國學相結合，絕不能搞「中學為體，西學為用」：「……主張體用、主輔說者，而彼或未能深抉中西學術之藩，其所言適足供世人非驢非馬之觀，而毫無足以饜兩方之意。」應當真正掌握新學的精髓，用來清理中國傳統的文化遺產，經過認真的剔抉揚棄，創造出「有所據」亦「有所用」的新型民族文化來。

4　《我之歷史（宋教仁日記）》1906年9月26日，《宋教仁集》下冊，中華書局，1981年版，第654頁。

《國學講習會序》證明，國粹主義，在他們那裡，與其說是西學或新學的對立物，不如說是企圖將西學或新學中國化的最初嘗試與努力。國粹主義，在他們眼中，是指優美、壯旺、開通、進化而「宜於我國」的那部分文化遺產，形式是民族化的，內容則是近代化的。

國學講習會開辦不久，章太炎又創辦了「國學振起社」，擔任社長，並親自編輯、發行《國學振起社講義》。刊登在《民報》上的《國學振起社廣告》說：「本社為振起國學、發揚國光而設。間月發行講義，全年六冊。其內容共分六種：一、諸子學；二、文史學；三、制度學；四、內典學；五、宋明理學；六、中國歷史。」今存日本秀光社1906年12月出版的講義第一冊，收錄有章太炎的講義《諸子系統說》、《管子餘義》，汪震的講義一篇《中國最近世史講義》。

1906年至1908年間，章太炎一邊主編《民報》，撰寫了大批戰鬥的政論，一邊利用全部空餘時間，寒寒孜孜，茹苦含辛地從事文字、音韻、倫理、邏輯、文學、史學等等方面的研究，在他所涉足的許多領域裡，作出了既具有總結性又有開拓性的貢獻，以他一部部、一篇篇精審的著述，在這些領域裡樹建了一塊塊豐碑。

章太炎的講學活動，原先並不經常，也沒有固定處所。1908年4月開始，他應一批留學生的要求，系統講授《說文解字》及段玉裁注，地點先是牛込赤城元町清風亭，旋即改在日本帝國教育會，從4月11日起，固定在神田地區的大成中學講堂，每週兩次。前往聽講的人非常踴躍。光復會的重要活動家龔寶銓，後來成為著名史學家的朱希祖，成為著名文字學家的錢玄同，這時正在早稻田大學學習的同盟

會會員、1936年投玄武湖自殺以抗議國民黨反動賣國政策而知名於世的杜羲，等等，都在大成中學講堂學習。根據今存《朱希祖日記》及《錢玄同日記》所記，從4月4日至7月25日，章太炎講授《說文解字》共二十五次，8月1日講了一次音韻，8月5日至20日講了六次《莊子》，8月26日至9月5日講了四次《楚辭》，9月9日至10月28日講了六次《爾雅疏證義疏》，10月31日開始講授《廣雅疏證》。[5]

當時，周樹人（魯迅）、許壽裳等人對章太炎革命、學識都十分景仰，急切希望能到大成中學聽講，可是，講學的時間與他們的課程正好衝突，便由周樹人倡議，托請龔寶銓向章太炎說明，請他在星期日為他們另開一班。章太炎慨然應允。從1908年7月11日起，章太炎便在民報社他的住所內，每星期花一至兩個上午的時間，給誠意前來受業的周樹人、周作人、許壽裳、錢家治以及由大成中學跑來再聽講授的龔寶銓、錢玄同、朱希祖、朱宗萊八人講課。[6]「一間八席的房子，當中放了一張矮桌子，先生坐在一面，學生圍著三面聽。用的書是《說文解字》，一個字一個字的講下去。……太炎對於闊人要發脾氣，可是對學生卻極好，隨便談笑，同家人朋友一樣。夏天盤膝坐在席上，光著膀子，只穿一件長背心，留著一點泥魚酋須，笑嘻嘻的講書，莊諧雜出。」[7]每次講課，「八時至正午，歷四小時毫無休息」[8]。

章太炎從他的為人、思想、學業等方面，深刻地影響了他的這些

5　《朱希祖日記》，稿本，北京圖書館藏。《錢玄同日記》，稿本，北京魯迅博物館藏。
6　許壽裳：《亡友魯迅印象記》，周遐壽：《魯迅的故家》俱說，章太炎是每星期日給特別班八人上課。今據《朱希祖日記》，則並不一定都在星期日。
7　周遐壽：《魯迅的故家》，上海出版公司，1952年版，第347頁。
8　許壽裳：《亡友魯迅印象記》，人民文學出版社，1961年版，第27頁。

學生，許多學生在他的薰陶教誨下，後來卓有成就。他自述：「弟子成就者，蘄黃侃季剛、歸安錢夏季中、海鹽朱希祖逷先。季剛、季中皆明小學，季剛尤善音韻文辭。逷先博覽，能知條理。其他修士甚眾，不備書也。」[9]這裡所述的錢夏，即錢玄同。他的其他一些學生，如汪東、馬裕藻、沈兼士等，也都學有專門，卓然成家。

《民報》被封禁後，章太炎「閑處與諸子講學」[10]，並陸續撰就學術造詣很深、成就異常突出的《小學答問》、《新方言》、《文始》、《國故論衡》、《齊物論釋》等一批專著。他還著手對《訄書》作進一步補充修訂。這期間，他曾將前此發表的政論與其他一些論文收集起來，編成一部《太炎集》。這部著作未能出版，但篇目至今仍存。文錄共收文七十四篇，從癸巳（1893年）到戊申（1908年）按年編次；別錄二十六篇，所收的則主要是《民報》上論政的文章[11]。這一時期，章太炎藉以繼續進行「國粹主義」宣傳教育的陣地，主要是《教育今語雜誌》和《學林》雜誌。這兩個刊物都不是他本人所編。《教育今語雜誌》的編者是錢玄同，《學林》的編者是黃侃，兩人都是章太炎的高足。兩個刊物風格很不相同，宗旨卻是一致的。《教育今語雜誌章程》第一章「宗旨」宣佈：「本雜誌以保存國故，振興學藝，提倡平民普及教育為宗旨。」其內容分作八大類：社說、中國文字學、群經學、諸子學、中國歷史學、中國地理學、中國教育學、附錄（又分算學、英文、答問、記事四類）[12]。《學林》內容分作十二門

9　　《太炎先生自定年譜》宣統二年庚戌。
10　《太炎先生自定年譜》宣統元年己酉。
11　手稿今為北京圖書館收藏。
12　《教育今語雜誌章程》，《教育今語雜誌》第一期。

類：名言部（以發明小學為主）、制度部、學術流別部、玄學部、文史部、地形部、風俗部、故事部、方術部、通論部、雜文錄、韻文錄。[13]就門類而言，兩者基本相同。兩個刊物也有區別。《學林》可以說是一個以提高為使命的刊物，而《教育今語雜誌》則可以說是一個以普及為使命的刊物。在《學林》上，章太炎發表了他的新作《文始》以及一批長篇學術論文：如《封建考》、《信史》、《徵信論》、《思鄉願》、《秦政論》、《秦獻記》、《五朝學》、《非黃》、《釋戴》等等。《學林》總共只出了兩期，他的文章幾乎囊括了全部篇幅。在《教育今語雜誌》上，章太炎發表了兩篇「社說」《常識與教育》、《教育的根本要從自國自心發出來》，以及《庚戌會衍說錄》、《論經的大意》、《論諸子的大概》、《論文字的通借》等一批演講記錄，全部都是用白話文寫成，淺顯通俗，占了這個刊物相當大一部分篇幅。《學林》與《教育今語雜誌》的文章從形式到內容雖然都有很大差異，仔細對照一下，便可發現，堅持建設具有自己民族特色的近代文化，正是貫穿這兩個刊物全部論著的共同主題。

在《庚戌會演說錄》[14]中，章太炎專門討論了所謂留學的目的和方法，他指出：「求學不過開自己的智，施教不過開別人的智。」為了求智，「就應該把迷信打破」。而所謂迷信，不單單是指宗教，「但凡不曉得那邊實際，隨風逐潮，胡亂去相信那邊，就叫做迷信」。即以追求歐洲的學問而言，要真正懂得它的精華與實質之所在，就必須先打破對於傳教士的迷信，打破對於嚴復以及日本學者的迷信，才能

13　《學林緣起》，《學林》第一期。
14　獨角：《庚戌會衍說錄》，《教育今語雜誌》第四冊。

求得其真。然而，僅僅做到這一步，還很不夠，必須在現成知識的基礎之上，「又發生自己的知識來」，比前人「更進一級」，「學問才得新新不已」。他以「送信」與「寫信」作比喻，將歐洲人比作「寫信的人」，將傳播西學的人比作「郵便局送信的人」，而將一般學生比作「接信的人」，呼籲人們千萬不要「總是在送信的地位」，而要像李善蘭、華蘅芳那樣「先做送信的人，後來又能夠做寫信的人」。不能滿足於將「歐洲的學問」僅僅介紹到中國來，還必須在這一基礎上有所創新，有所前進，形成具有自己民族特色的新的學問，這才是留學生們負笈東遊所應當樹立的正確目標。

在《教育的根本要從自國自心發出來》[15]一文中，章太炎簡要地敘述了中國學說發展的概況，說明瞭「中國學說，歷代也有盛衰，大勢還是向前進步」，不可一筆抹殺，籠統地說什麼「中國本來沒有學說」、「近來的學者沒有心得」。章太炎承認，人們對於自己的語言、禮俗、歷史、文化、政事等等，都還有大量問題沒有弄明白，因此，不知它們的優劣究竟在哪裡，也不知究竟應當怎樣進行變革，為了改變這一狀況，必須堅持向前追尋探索。在追尋探索時，章太炎強調，必須反對兩種偏向：「只佩服別國的學說，對著本國的學說，不論精粗美惡，一概不采，這是第一種偏心；在本國的學說裡頭，治了一項，其餘各項，都以為無足重輕，並且還要詆毀……這是第二種偏心。」他認為，在克服這兩種偏向時，特別要注意，不要盲目地跟在一些外國學者後面跑，把這些外國學者稍稍涉獵了一點中國學說以後作出的論斷當作無價至寶，他們說壞，自己就跟著說壞，他們說好，

15　《教育今語雜誌》第三期。

自己就以為「一經品題，聲價百倍」，跟著叫好，而必須堅持從中國的實際出發。文章反覆說明：「凡事不可棄己所長，也不可攘人之善」；「自國的人，施自國的教育；象水火柴米一個樣兒，貴也是要用，賤也就要用，只問要用，不問外人貴賤的品評。後來水越治越清，火越治越明，柴越治越燥，米越治越熟，這樣就是教育的成效了。」文章還指出：「至於別國所有中國所無的學說，在教育一邊，本來應該取來補助，斷不可學《格致古微》的口吻，說別國的好學說，中國古來都現成有的。」

　　為了使學術研究更加切合中國的實際，章太炎還提出，必須使書本與書本以外的經驗相結合，使學校教育與學校以外的社會教育相結合：「書籍不過是學問的一項，真求學的，還要靠書籍以外的經驗；學校教育不過是教育的一部，真施教的，還要靠學問以外的灌輸。」特別是在當時學校為清廷所控制的情況下，他認為更必須強調這一點，並用建立學會、宣導學會講學來彌補學校教育的不足。他說：「學會不受學部的管轄，也不受提學使的監督，可以把最高的知識，灌輸進去。後來有高深知識的愈多，又可以再灌輸到學校去。這句話，並不是兄弟有意看輕學校。不過看中國幾千年的歷史，在官所教的，總是不好；民間自己所教的，卻總是好。又向旁邊去看歐洲各國，雖然立了學校，高深的知識，總在學校以外，漸漸灌輸進去。……所以說學校不過是教育的一部，求學校的進步，必定靠著學校以外的東西。」[16]

16　獨角：《庚戌會衍說錄》，《教育今語雜誌》第四冊。

關於求是與實用問題，章太炎堅持的主要觀點是「致用本來不全靠學問，學問也不專為致用」。政治學者並不能做成政治家，而政治上的英雄偉人也不見專門講究政治學，「在致用上，第一要緊是閱歷，第二要緊是勤勞，書本子上的學問，不過幫助一點兒」。正因為如此，就必須承認在學問與致用之間將不可避免地存在一段距離，不能要求學習的東西立即都能致用，也不能反過來要求只有能夠立即致用的東西方才可以學習。他指出：「在政府設許多學校，原只望成就幾個致用的人。至於學生求學，以及教人求學，就不該專向致用一面。」這就是儘管不符合當時的政府致用的需要，只要符合幾分真理，仍然應當去鑽研，去追尋。[17]

　　所有這些論述表明，章太炎致力保存「國粹」、振起「國學」，他所追求的，是要立足於中國，在中國自身的地基上，重演歐洲文藝復興的歷史。創造出中華民族自身的近代民族文化，以推動正在艱難地前進的民族民主革命事業。

5.2　經學拆散

　　近代中國民族文化的樹建，既是中國古代傳統文化的繼續與發展，又是古代文化遺產的批判與否定。而封建經學殿堂的拆散，則是建設近代中國民族文化的首要工作。

　　康有為把傳統的法定經書統統斥之為「偽經」，斷言二千年來

17　獨角：《庚戌會衍說錄》，《教育今語雜誌》第四冊。

「聚百千萬億衿纓之問學，統二十朝王者禮樂制度之崇嚴」，都是「奉偽經為聖法，誦讀尊信，奉持施行」[18]，不僅引導人們懷疑經古文，而且將人們引向懷疑儒家經典本身，觸發了對封建經學統治一場狂飆式的衝擊。然而，康有為一邊拆散封建經學的舊殿堂，一邊又努力砌造一座新的經學殿堂。西漢經今文學使孔子的地位上升為王為神，又有孔子改制、立三世之義、為漢及萬世制法等許多奇異詭怪之論，康有為發現，這一舊瓶很便於裝入新酒。他一面大罵兩千年來崇奉的經書都是偽書，禍害極大，一面又將孔子本人以及儒家六經特別是詮釋《春秋》的《公羊傳》推崇到無以復加的高度。「天既哀大地生人之多艱，黑帝乃降精而救民患，為神明，為聖王，為萬世作師，為萬民作保，為大地教主。生於亂世，乃據亂而立三世之法，而垂精太平，乃因其所生之國而立三界之義，而注意於大地遠近大小若一之大一統。乃立元以統天，以天為仁，以神氣流形而教庶物，以不忍心而為仁政。合鬼神山川、公侯庶人、昆蟲草木一統於其教，而先愛其圓顱方趾之同類，改除亂世勇亂爭戰角力之法，而立《春秋》新王行仁之制。」[19]這一段對孔子的褒美，其實是康有為新的孔學殿堂的一幅藍圖。康有為把西漢經今文學，特別是董仲舒的公羊學，說成瞭解孔學真諦的唯一法門，要人們「因董子以通《公羊》，因《公羊》以通《春秋》，因《春秋》以通六經，而窺孔子之道本」[20]。康有為無論是在拆毀封建經學的舊殿堂時，還是在精心構造他的孔學新宮殿時，都往往彷徨失據，他的理論經常虛構超過事實，臆斷多於論證，主觀脫離

18　康有為：《新學偽經考・序》，廣州萬木草堂1891年刊本。
19　康有為：《孔子改制考・序》。
20　康有為：《春秋董氏學自序》，上海大同譯書局1898年刊。

客觀。他的理論儘管給人們以很大震動，卻不能使人們真正信服，結果，便既不能將封建經學殿堂從人們思想中真正拆除，也不能為取代它的新的民族文化提供真正合適的形式。

章太炎尊奉過經古文學，常常借助古文經學加強自己的立論，但是，他對傳統經學的研究與批評，並不是株守經古文學的陳說，構成其主要特色的，其實是近代的歷史與邏輯的批判精神。

什麼是「經」？無論是在經今文學那裡，還是在經古文學那裡，「經」都被解釋成經天緯地、萬古不刊的永恆真理。班固纂集的《白虎通德論》解釋經的含義說：「經，常也。有五常之道，故曰五經。」[21]劉熙《釋名》說：「經，徑也，常典也，如徑路無所不通，可常用也。」[22]鄭玄《孝經注》說：「經者，不易之稱。」[23]劉勰《文心雕龍》說：「經也者，恒久之至道，不刊之鴻教也。」[24]這些解釋，突出了經書的權威性與神聖性，也突出了經義內容的永恆性與適用的普遍性。章太炎指出：「世人以經為常，以傳為轉，以論為倫，此皆後儒訓說，非必睹其本真。」他依據歷史資料說明：「書籍得名，實憑傅竹木而起，以見言語文字功能不齊。」一些書籍之所以名之為「經」，發端於古代竹簡系用「繩索聯貫」。「經者，編絲綴屬之稱，異於百名以下用版者，亦猶浮屠書稱修多羅。修多羅者，直譯為線，譯義為經，蓋彼以貝葉成書，故用線聯貫也。此以竹簡成書，亦編絲綴屬也。」同樣，「傳」之得名，「論」之得名，前者是發端於「簿

21　班固：《五經》，《白虎通德論》卷八。
22　劉熙：《釋名》卷六《釋典藝》。
23　《玉海》卷四十一引。
24　劉勰：《文心雕龍‧宗經篇》。

書記事」，後者是發端於「比竹成冊」，它們都沒有任何特殊的倫理含義。[25]

　　經書被人們推崇為無限尊貴，是因為它們與孔子的名字聯繫在一起。按照經今文學家的說法，《詩》、《書》、《禮》、《樂》、《易》、《春秋》都是孔子「製作」，專門用以教化世人，為千秋萬世確立一整套人們應當虔誠遵守的永恆準則。西漢緯書《春秋緯‧演孔圖》說：「孔子仰推天命，俯察時變，卻觀未來，預解無窮，知漢當繼大亂之後，故作撥亂之法以授之。」皮錫瑞《經學歷史》一書強調：「必以經為孔子作，始可以言經學；必知孔子作經以教萬世之旨，始可以言經學。」[26]章太炎先前也曾附和過經今文學家關於孔子通過《春秋》「黜周王魯，改制革命」一類說法[27]。1899年12月，他發表《今古文辨義》一文，就已批評「六經皆孔子所撰」、「堯、舜、湯、武之治皆無其事」等說法。章太炎指出，這些說法與歷史的實際狀況不符。堯、舜、湯、武之事，不僅儒家經典中談到，九流中其他八家也曾談到，「彼諸子者，何為舍實事不言，而同於孔子虛擬之事乎？」在《訄書》修訂本《訂孔》篇中，他說：「六藝者，道、墨所周聞，故墨子稱《詩》、《書》、《春秋》，多太史中秘書。女商事魏君也，衡說之以《詩》、《書》、《禮》、《樂》，從說之以《金版》、《六弢》。」[28]這就證明，六經並非孔子製作，而是孔子依據舊籍刪定而成。

　　出獄東渡以來，在說明六經編纂過程時，章太炎則提出了更為系

25　章太炎：《文學總略》，《國故論衡》卷中。
26　皮錫瑞：《經學歷史‧經學開闢時代》。
27　章炳麟：《〈康氏覆書〉識語》，1899年1月13日《臺灣日日新報》。
28　章太炎：《訂孔》，《訄書》修訂本，第2頁。

統的解釋，主要有以下這樣一些論點：

一、「古之學者，多出王官」。《漢書・藝文志》已提出，儒家、道家、陰陽家、法家、名家、墨家等等，分別出於司徒之官、史官、羲和之官、理官、禮官、清廟之官……章太炎進一步從古代歷史的沿革，說明古代學術、文化、典籍完全為國家所壟斷，「學在王官，官宿其業」，一般人根本沒有受教育和從事學術文化事業的權利。這種狀況一直延續到春秋時代。「世卿用事之時，百姓當家則務農、商、畜、牧，無所謂學問也。其欲學者，不得不給事官府為之胥徒，或乃供灑掃為僕役焉。」在這種情況下，「非仕無學，非學無仕，二者是一，而非二也」[29]。

二、經，「本來只是官書的名目」[30]。儘管「經不悉官書，官書亦不悉稱經」，可是，就《易》、《詩》、《書》、《禮》、《樂》、《春秋》而言，則毫無例外的，「本官書，又得經名」[31]。這些官書稱之為經，並非因為它們有經天緯地之義，而只是因為它們所用以書寫的竹簡有特殊的規格，這就是長二尺四寸，三十字一簡，與只有六寸長、只能書寫八個字的手版即「傳」有別。「原夫古者名書，非有他義，就質言之而已。」[32]這也恰恰證明，《易》、《詩》、《書》、《禮》、《樂》、《春秋》六經，不可能是孔子憑空製作，而只能是由原先的官書刪定改編而成。

29　章太炎：《論諸子學》，《國學講習會略說》，第66頁。
30　獨角：《論經的大意》，《教育今語雜誌》第二冊。
31　章太炎：《原經》，《國故論衡》卷中。
32　章太炎：《春秋左傳讀敘錄》，《章氏叢書》本，第12頁。

三、「六經皆史之方」[33]。章太炎在這一點上堅持並發展了章學誠所提出的「六經皆史」的觀點。他強調說：「《尚書》、《春秋》固然是史，《詩經》也記王朝列國的政治，《禮》、《樂》都是周朝的法制，這不是史，又是什麼東西？惟有《易經》，似乎與史不大相關。殊不知道，《周禮》有太蔔的官，是掌《周易》的，《易經》原是蔔筮的書，古來太史和蔔筮測天的官，都算一類，所以《易經》也是史。」這就表明，「六經都是古史」，「經外並沒有史，經就是古人的史，史就是後世的經」[34]。正因為如此，孔子在編定六經時，便只能「因當官之文」，而絕不能憑空製作。章太炎批評「六經皆孔子製作」論者說：「惑者不睹論纂之科，不銓主客。文辭、義理，此也；典章、行事，彼也；一得造，一不得造。」編撰史籍時，如何措詞，如何評價，可以憑主觀認識的不同，各抒己見；而典章制度和事實本身，則是客觀存在，不能憑空臆造。孔子說自己「述而不作，信而好古」，足證孔子系刪定六經而不是製作六經[35]。「孔子問禮老聃，卒以刪定六藝。」老聃是管理四方文書與國家文獻典章的史官「柱下史」、「徵藏史」，孔子所刪定的六經本是出自史官所收藏管理的故籍。

　　四、還孔子凡人本色。出獄東渡不久，在東京留學生所召開的歡迎會上，章太炎就在演說中責備孔子「最是膽小，雖要與貴族競爭，卻不敢去聯合平民，推翻貴族政體」，說孔子先是依傍魯君，後來依

33　章太炎：《明解故》下，《國故論衡》卷中。
34　獨角：《論經的大意》，《教育今語雜誌》第二期。
35　章太炎：《原經》，《國故論衡》卷中。

傍季氏，所教的弟子，「總是依人作嫁」。這種品格不足取[36]。在《論諸子學》中，他進而指出，孔子「終身志望，不敢妄希帝王，惟以王佐自擬」，因此，孔子湛心榮利，開遊說之端，隨時抑揚，嘩眾取寵，更宣導所謂中庸，「道德不必求其是，理想亦不必求其是，惟期便於行事則可矣」，致使「用儒家之道德，故艱苦卓厲者絕無，而冒沒奔競者皆是」，「用儒家之理想，故宗旨多在可否之間，論議止于函胡之地」[37]。孔子可貴，是因為他作為一個歷史學家，整理六經、保存古代史事有重大貢獻。他說：「孔氏之教，本以歷史為宗。孔氏者，當沙汰其幹祿致用之術，惟取前王成跡可以感懷者流連弗替。」[38]「《春秋》所以獨貴者，自仲尼以上，《尚書》則闊略無年次，百國春秋之志，複散亂不循凡例，又亦藏之故府，不下庶人，國亡則人與事偕絕。……是故本之吉甫史籀，紀歲時月日，以更《尚書》，傳之其人，令與《詩》、《書》、《禮》、《樂》等治，以異百國春秋，然後東周之事，粲然著明。……以詒後嗣，令遷、固得持續其跡，訖於今茲，則耳孫小子，耿耿不能忘先代，然後民無攜志，國有與立。……故《春秋》者，可以封岱宗、配無極。」[39]對於孔子熱心教育、不信鬼神而專講修身治國等人間事務，章太炎也給予了肯定與讚揚，說：「有商訂歷史之孔子，則刪定六經是也；有從事教育之孔子，則《論語》、《孝經》是也。」「孔氏之功則有矣，變禨祥神怪之說而務人事，變疇人世官之學而及平民，此其功亦敻絕千古。」[40]他反對神化孔子

36　太炎：《演說錄》，《民報》第六號。
37　章太炎：《論諸子學》，《國學講習會略說》，第69—72頁。
38　太炎：《答鐵錚》，《民報》第十四號，第116頁。
39　章太炎：《原經》，《國故論衡》卷中，第87頁。
40　章太炎：《論諸子學》，《國學講習會略說》，第68、73頁。

和《春秋》，反對「以仲尼受天命為素王，變易舊常，虛設事狀，以為後世制法」，指出：「《春秋》二百四十二年之事，不足盡人事蕃變，典章亦非具舉之。……今以不盡之事，寄不明之典，言事則害典，言典則害事，令人若射覆探鉤，卒不得其詳實，故有公羊、穀梁、騶、夾之傳，為說各異，是則為漢制惑，非制法也。」至於孔子作《春秋》且為百世制法這類說法，更屬荒誕，因為「法度者，與民變革，古今異宜，雖聖人安得預製之？《春秋》言治亂雖繁，識治之原，上不如老聃、韓非，下猶不逮仲長統」[41]。六經中其他各經，情況也不例外。以《禮經》而論，「《禮經》一十七篇，守之貴族，不下庶人。皇漢迄今，政在專制。當代不行之禮，於今無用之儀，而欲肆之郡國，漸及鄉遂，何異寧人欲變今時之語返諸三代古音乎？」再以《詩經》、《論語》等等而論，其中一些訓辭、格言，後世並非不可沿用，「然人事百端，變易未艾，或非或韙，積久漸明，豈可定一尊於先聖？」章太炎還特別指出：「《春秋》三統三世之說，無慮陳其概略，天倪定分，固不周知。豈有百世之前發凡起例以待後人遵其格令者？」[42]

為了使經學不再成為中世紀的舊神學，也不致蛻變為一種不倫不類、亦新亦舊的新神學，章太炎提出了經學研究中必須堅持的以下一些原則：

一、堅持以六經為古史。「僕聞之，《尚書》、《春秋》，左右史所記錄，學者治之，宜與《史記》、《漢書》等視，稽其典禮，明其

41　章太炎：《原經》，《國故論衡》卷中，第85—86、88頁。
42　章太炎：《與某論樸學報書》，《國粹學報》丙午第十一號。

行事，令後生得以討類知原，無忘國故，斯其要也。」[43]

二、研究經學是為了弄清古代歷史實際，而不是為了所謂「通經致用」。「抑自周、孔以逮今茲，載祀數千，政俗迭變，凡諸法式，豈可施於近？故說經者所以存古，非以是適今也。」[44]章太炎特別強調指出：「學者在辨名實，知情偽，雖致用不足尚，雖無用不足卑。」[45]這是明確反對狹隘的實用觀。

三、研究經書應當重視古文。「六經皆史之方，治之則明其行事，識其時制，通其故言，是以貴古文。」[46]古文經系用先秦古文書寫，今文經則是藉口耳相傳，到漢代才用「今文」著之竹帛的，裡面夾雜著各代師說，以稽古而言，後者的可靠性就遠不如前者，更為後出的緯書當然就格外靠不住。

四、提倡「以獄法治經」，以嚴謹的科學精神弄清經文本義。具體說來，在瞭解經文本義時必須做到審名實、重佐證、戒妄牽、守凡例、斷情感、汰華辭。[47]為此，特別要反對不顧經文本義而侈談所謂微言大義，反對「援讖緯以明經制，隨億必以改雅訓，單文節適，膚受以求通，辭詘則挾素王，事繆則營三統」[48]，使經書變成圖書符命。

五、「必以古經說為客體，新思想為主觀」，對整個古代經學進

43　章太炎：《與簡竹居書》，《國粹學報》辛亥第七號。
44　章太炎：《與某論樸學報書》，《國粹學報》丙午第十一號。
45　章太炎：《與王鳴鶴書》，《國粹學報》庚戌第一號。
46　章太炎：《明解故》下，《國故論衡》卷中。
47　章太炎：《說林‧定經師》，《民報》第十號，第77頁。
48　章太炎：《明解故》上，《國故論衡》卷中。

行批判與總結。他在《中國通史略例》中已提出：「所謂史學進化者，非謂其廓清粗翳而已。己既能破，亦將能立。後世經說，古義既失其真，凡百典常，莫知所始，徒欲屏絕神話，而無新理以敷徹之，宜其膚末茸陋也。」[49]這時，他又反覆強調：「學名國粹，當研精覃思，鉤發沈伏，字字徵實，不踏空言，語語心得，不因成說，斯乃形名相稱。若徒摭舊語，或張大其說以自文，盈辭滿幅，又何貴哉？實事求是之學，盧非可臨時卒辨。」[50]

凡此種種，充分表明，章太炎儘管給古文經以較多的肯定，但是，他的基本觀點絕非經古文學所能包括，它們已遠遠越出了經古文學家所能達到的界限。章太炎的努力，正是要使整個經學研究建立在近代科學的基礎上，以更為有效、更為切實地摧毀封建經學的殿堂。

章太炎不僅提出了研究經學所應遵循的這些原則，而且自己曾努力按照這些原則去實踐。他所撰寫的《官制索隱》，便提供了一個傑出的範例。

《官制索隱》由《神權時代天子居山說》、《專制時代宰相用奴說》、《古官制發原於法吏說》、《古今官名略例》四篇考史文章構成。《神權時代天子居山說》引用《詩經》、《尚書》、《周禮》、《禮記》等文獻和古代經說，詳加辨析，論證了「古之王者，以神道設教，草昧之世，神人未分，而天子為代天之官，因高就丘，為其近於穹蒼」，其後「明堂、清廟、辟雍之制，古今興廢雖不同，然麗王公、

49　章太炎：《中國通史略例》，《訄書》修訂本，第200頁。
50　章太炎：《再與人論國粹學書》，《國粹學報》丁未第十二號。

奠天位者，其實其名，大氐不出山麓」，「天子居山，其意在尊嚴神秘」，「蓋以為高丘者，君上之所居，通於神明；洿澤者，亡虜之所處，淪于幽谷也」[51]。《專制時代宰相用奴說》則引用《尚書》、《周禮》、《禮記》等古代經史文獻，說明：「觀於寺字、官字、臣字之得名，而知古代所貴，唯子與封君，其非有土、子民之臣僚，則皆等於奴隸陪屬；觀于太阿、太保、塚宰、丞相、禦史、僕射、侍中之得名，而知侍帷幄參密議者，名為帝師，或曰王佐，其實乃佞幸之尤。」[52]這些結論對經今古文家們所共同宗奉的封建君臣之義作了否定，而且比之康有為「托古改制」的論斷更有依據。實事求是地研究古史，不是期於取法，而是為了弄清歷史發展的真相，因此，絕不掩蓋歷史的點汙，也絕不僅僅滿足於「比次典章」，而堅持從現象深入到本質，「推既見以至微隱」[53]。這樣，就不僅使儒家經典從經天緯地的至聖寶典下降到古史地位，而且使它們下降到了古史資料地位。

5.3　統一民言

漢語，是世界上歷史最為悠久而又最富於穩定性的語言之一，在中華民族的歷史發展中，它起過非常積極的作用。到了近代，適應於中國社會的巨大變化，漢語從詞彙、語音到語法結構，都發生了變遷。如何使漢語的發展規範化，成為近代化的、真正統一的民族語言，是章太炎所致力的近代民族文化建設中一個重大課題。

51　太炎：《官制索隱・神權時代天子居山說》，《民報》第十四號，第3、8頁。
52　太炎：《官制索隱・專制時代宰相用奴說》，《民報》第十四號，第12頁。
53　太炎：《官制索隱》，《民報》第十四號，第1頁。

早在《訄書》的《方言》、《訂文》、《正名雜義》等文中，章太炎就專門討論了如何使各種方言逐步統一、如何使漢語適應於近代中國社會的變化與中外交往的擴大而發展等問題。出獄東渡以來，他又陸續撰寫了一系列專門論文和《小學答問》、《新方言》、《文始》、《國故論衡》上卷等一批專著，深入研究了這些問題。為了使這些問題能夠比較科學地解決，他著重研究了語言的起源、語言與社會的關係、語言自身發展的歷史過程、語言內部各種因素的相互關係、語言發展的方向與途徑等基本理論問題。章太炎以其辛勤的勞動與頑強的探究，為中國古代文字音韻學的發展做了總結，又為中國近代語言學的發展奠定了基礎。

在《訄書·訂文》中，章太炎已經明確指出，語言和文字，都是人類社會生活發展的必然產物；語言和文字的豐富發展或乾澀退化，直接關係著社會的盛衰。他寫道：

泰邈之人，款其橐門而觀政令，於文字之盈歉，則葛其世之盛衰矣。

昔之以書契代結繩者，非好其繁也。萬世之萌，皆伏於蠱。名實惑眩，將為之別異，而假蹄远以為文字。然則自太上以至今日，解垢益甚，則文以益繁，亦勢自然也。

先師荀子曰：後王起，「必將有循於舊名，有作於新名」。是故國有政者，其倫脊必析，綱紀必秩，官事民志日以孟晉，雖欲文之不孟晉，不可得也。國無政者，其出話不然，其為猶不遠，官事民志，

日以啙窳，雖欲文之不窳啙，不可得也。[54]

　　名源於實。語言文字的產生與發展，都基於人類社會的需要。「解垢益甚，則文以益繁」，突出了語言文字必定隨著人們社會交往的日益繁複而不斷發展。官事民志，或日以孟晉，或日以啙窳，對語言文字的制約作用，也充分證明瞭語言文字的發展與否同社會政俗的興衰進退是如何息息相關。

　　正是基於這一認識，章太炎指出，要使中國由國勢日削轉變為國勢日強，必須充分重視語言文字的發展。他指出：「北宋之亡，而民日啙窳。……是故唇吻所俆，千名而足；檄移所俆，二千名而足；細旃之所承，金匱之所藏，著于文史者，三千名而足；清廟之所奏，同律之所被，著於賦頌者，四千名而足；其他則視以為腐木敗革也已矣。若其所以治百官、察萬民者，則蔑乎移檄之二千而止。以神州之廣，庶事之博，而以佐治者僅是，其庸得不澶漫掍殽，使政令逡巡以日廢也？」縱觀世界，最為發展的語言當數英語，「今英語最數，無慮六萬言，言各成義，不相陵越。東、西之有書契，莫繁是者，故足以表西海。」相比之下，中國語言文字的發展便大為落後。章太炎說明瞭，南宋以來，語言文字的萎縮與僵化，已經導致「政令逡巡以日廢」，近代以來，面臨「與異域互市，械器日更，志念之新者日夥」這前所未有的形勢，中國古老的語言文字若再停滯不前，那就勢必要產生更為嚴重的後果。為此，他提出必須創造大量新的詞彙，使漢

54　章太炎：《訄書・訂文第二十五》，《訄書》修訂本，第75頁。泰逖（tì替），遠古。款，叩。皋門，《詩經・緜》：「乃立皋門。」毛傳：「王之郭門曰皋門。」蹄迒，獸之足跡。孟晉，勉力求進。

字、漢語有一個大的發展：「孟晉之後王，必修述文字。其形色志念，故有其名，今不能舉者，揗而摭之；故無其名，今置於用者，則自我作之。」[55]

在《訂文》的姊妹篇《訄書‧方言》一文中，章太炎專門討論了如何促進中國各地方言逐步統一的問題。文章敘述了漢語演進的歷程，說明「乃今語言，略分十種：河之朔暨於北塞，東傅海，直隸、山東、山西，南得彰德、衛輝、懷慶為一種，紐切不具，亢而鮮入，唐虞之遺音也；陝西為一種，明徹正平，甘肅宵之，不與關東同……汝寧、南陽，今曰河南，故荊豫錯壤也，及沿江而下，湖北至於鎮江，為一種……其南湖南，自為一種；福建、廣東，各為一種……開封而東，山東曹、沇、沂至江淮間，大略似朔方，而具四聲，為一種；江南蘇州、松江、太倉、常州，浙江湖州、嘉興、杭州、寧波、紹興為一種，賓海下濕，而內多渠澮湖沼，故聲濡弱；東南之地，獨徽州甯國，處高原，為一種……四川上下，與秦、楚接，而雲南、貴州、廣西三部，最為僻左，然音皆大類關中，為一種」。儘管使用同一種文字，各地口語卻有很大差異，這對於發展民族經濟、建設近代民族國家、繁榮民族文化都非常不利。章太炎指出：「今夫種族之分合，必以其言辭異同為大齊。」而要克服各種方言的限制，使各地口語相通，文章分析了各種方言的特點及其相互關係，提出：「夫十土同文字，而欲通其口語，當正以秦蜀楚漢之聲。」[56]這篇文章關於方言的區分，後來有所修改[57]，它首次提出的在文字統一的情況下應當

55　章太炎：《訄書‧訂文第二十五》，《訄書》修訂本，第78頁。
56　章太炎：《訄書‧方言第二十四》，《訄書》修訂本，第74—75頁。
57　章太炎後來將十種方言改訂為九種，取消湖南一種，將它與湖北、江西合併。

進一步謀求口語統一的問題，在發展我國近代民族語言方面具有綱領性與開拓性的意義。

出獄東渡以後，章太炎在東京留學生舉行的歡迎會上談到如何「用國粹激動種性，增進愛國的熱腸」時，第一項要求就是「提倡小學」，增強偉大的「愛國保種的力量」[58]。其後，在《國故論衡》的首篇《小學略說》中，他更突出了民族語言的重要性：「若夫理財正辭，百官以治，萬民以察，莫大乎文字。」「蓋小學者，國故之本，王教之端，上以推校先典，下以宜民便俗。」[59]人類的全部文明史，民族文化的全部遺產，國家的經濟、政治、文化生活，廣大民眾互相交往以及認識世界，都離不開語言文字。語言文字是否符合時代的需要，要看它是否能夠有力地促進這一切方面的發展。

這一時期，他通過閱讀日本學者的語言學方面的論著，對近代西方語言學理論有了稍多的瞭解。以他自己原先語言文字方面的素養為基礎，他撰寫了一系列重要著作，對中國語言文字發展的過程、趨向及其內在規律，作了比較系統的探求。

語言起源問題，18世紀在歐洲曾吸引了許多哲學家與科學家的注意力。最初，人們主要從人類的認識與人類的理性發展的歷程去考察，後來，則進一步從生物學、社會學的角度去考察。由此，人們逐步奠定了近代語言學的理論基礎。在中國，文字音韻學在清代漢學家那裡曾經得到光輝的發展，然而，關於語言起源問題，則屬於空白。

見《檢論‧訂文》。
58　章太炎：《演說錄》，《民報》第六號，第11頁。
59　章氏學：《小學略說》，《國故論衡》卷上，第1、4頁。

章太炎在近代中國首次專門研究了這個問題。在《國學講習會略說》中，他以《論語言文字之學》為題，對語言的起源作了分析；後來，他又將其中有關部分單獨抽出，冠以《語言緣起說》題目，收入《國故論衡》中。在其他許多演說、講詞與論文中，他也從不同角度分別對這個問題進行了探討。

章太炎首先從認識論說明語言起源於對客觀事物的描繪。「語言何自起乎？呼馬而馬，呼牛而牛，此必非恣意妄稱也。諸言語皆有根。先征之有形之物，則可見矣。」他舉例說，雀之得名，是由於其音即即足足；鵲之得名，是由於其音切切錯錯；鴉之得名，是由於其音亞亞。這些都是摹聲而定其名。另一類，則是以事物的某一特徵而定其名，如馬因武得名，牛因事得名。「要之以音為表者，惟是鳥類為多；以德為表者，則萬物大抵皆是。……一實之名，必與其德或與其業相麗相著，故物名必有由起。」正因名源於實，「太古草昧之世，其言語惟以表實；而德業之名為後起。故牛馬之名成立最早，而事武之語即由牛馬變化而生。稍近文明，則德、業之語早成，而後施名於實。」[60]

在說明語言起源的認識論根源時，章太炎還進一步指出：「物之得名，大都由於感覺。感覺之奇異者，刺激視聽，眩惑神思，則必為之立一特別之名；其無所奇異者，則不為特名，而惟以發聲之語命之。」簡言之，「言語之分，由感覺之順違而起也。」[61]在《國故論

60　章太炎：《論語言文字之學》，《國學講習會略說》，第16—18頁。《國故論衡》卷上《語言緣起說》文字與此略異。

61　章太炎：《論語言文字之學》，《國學講習會略說》，第18、20頁。

衡‧語言緣起說》中，「感覺」二字統改為「觸受」。

　　早在《訄書‧訂文》中，他就堅持文字最初起源於圖畫。他說：
人們最初繪畫戰事及其他特異之事，「以敬鬼神」，而「君人者」則
「藉此以相臨制，使民馴擾」；其後，「以畫圖過繁，稍稍刻省，則馬
牛鳧鶩，多以尾足相別而已，於是有墨西哥之象形字；其後愈省，凡
數十畫者，殺而成一畫，於是有埃及之象形字。」再後，由於象形字
不能遍包眾有，為避免「眩惑如占覆」，「乃不得不為之分其塗畛，
而文字以之孳乳」[62]。主持國學講習會以後，他對這一問題作了進一
步闡述。《周易》與《說文解字》都有「六書」之說，專講漢字構成
的方法。《周易》所列的六種是：象形、會意、轉注、處事、假借、
諧聲。《說文解字》所說的名目與次序與此都稍有不同：指事、象
形、形聲、會意、轉注、假借。章太炎按照文字發展的歷史過程對這
「六書」作了整理，指出：人們「頂早造的字，就叫做象形字」。繼
之出現的，是指事與會意兩種字。而這三種造字法，本質上「都是從
形象意義上頭造出來的」。後來，「社會上的事體，是一天多一天，
形象意義是有不夠用的時候」，於是，便陸續產生了形聲、轉注、假
借這三種新的造字法。[63]

　　自從《說文解字》問世以來，歷代對轉注、假借的解釋，歧說紛
紜，都未得要旨。許慎對轉注的解釋是「建類一首，同意相授」，說
的是同一部首之下各字的訓義互相關聯；對假借的解釋是「本無其

62　　章太炎：《訄書‧訂文第二十五》，《訄書》修訂本，第75—76頁。
63　　章太炎：《中國文字略說—中國文字的源流》，見吳齊仁編：《章太炎的白話
　　　文》，第122—124頁。

字，依聲托事」，說的是賦予舊詞以新的含義，用舊詞的引申來代替新詞的創造。從南唐徐鍇到清代江聲、戴震、段玉裁等，基本上都沿襲這一說法。章太炎認為這些解釋都不確切。他寫道：「余以轉注、假借，悉為造字之則。泛稱同訓者，後人亦得名轉注，非六書之轉注也。同聲通用者，後人雖通號假借，非六書之假借也。蓋字者，孳乳而寖多。字之未造，語言先之矣。以文字代語言，各循其聲。方言有殊，名義一也，其音或雙聲相轉，疊韻相池，則為更制一字，此所謂轉注也。孳乳日繁，即又為之節制，故有意相引申、音相切合者，義雖少變，則不為更制一字，此所謂假借也。」[64]這就是堅持轉注、假借為漢語詞彙發展的必然法則，而不是一般意義上的互訓、通假。轉注是由某個語源或同一語根，循其聲義，派生出若干新詞，來表達新的事物；而假借則是在文字孳乳日繁而必須加以節制時，根據「意相引申，音相切合」的原則，利用舊有的詞、字而賦予新的訓義，不再製造新字。這一法則使漢語字和詞得以適應社會不斷發展的需要。因為「假借的例一設，便無論後來新造的東西，新發明的道理，和九州萬國的事物，中國古來所沒有的，都可以用他字的意義去引申，借他字的聲音做標記——寫將出來」[65]。章太炎還著重指出：「轉注者，繁而不殺，恣文字之孳乳者也。假借者，志而如晦，節文字之孳乳者也。二者消息相殊，正負相待，造字者以為繁省大例。」[66]這段話揭示了轉注與假借既相對立又相統一的關係，也說明瞭在象形、指事、會意、形聲四法造字之後，漢語在其發展的較高階段詞彙創造的主要

---

64 章太炎：《轉注假借說》，《國故論衡》上，第47頁。
65 章太炎：《中國文字略說—中國文字的源流》，見吳齊仁編：《章太炎的白話文》，第125頁。
66 章太炎：《轉注假借說》，《國故論衡》卷上，第52頁。

方法與主要規律。

「言形體者始《說文》，言故訓者始《爾雅》，言音韻者始《聲類》。三者偏廢，則小學失官。」[67]形體、故訓、音韻三者互相依存，除去注重文字形體外，還必須重視故訓與音韻的歷史演變。「凡治小學，非專辨章形體，要於推尋故言，得其經脈。不明音韻，不知一字數義所由生。」[68]這是章太炎所堅持的一個基本觀點。其中，對於語音的發展變化，他尤為重視。他認為，人類總是先有語言，而後方才形諸文字；文字總是先有聲，而後方才有形；形以表音，音以表言，言以達意，無聲音便根本不會有語言文字的存在。因此，他在將整個中國語言文字的發展作為一個自然史過程來加以研究時，尤其注意於語音的歷史變遷，甚至提出：「董理小學，以韻學為候人。」[69]

為了探明中國語音變化的規律，章太炎重點研究了中國古音的演變過程。

古音學的全盛時代是清朝。顧炎武、江永、戴震、錢大昕、段玉裁、孔廣森、王念孫等，都是著名的古音學家。章太炎發展了他們的成就，為清代古音學做了總結工作，並為後來古音學的發展做了開闢工作。首先，在古韻方面，清代學者發現，先秦古音與後代語音並不相同，如《詩經》，如按先秦語音系統來誦讀，音韻非常和諧，若按後來的語音系統誦讀，許多地方便很不自然。為了復原古韻系統，顧炎武將古韻分作十部，江永分為十三部，戴震分為九類二十五部，段

67　章太炎：《小學略說》，《國故論衡》卷上，第3頁。
68　章太炎：《小學略說》，《國故論衡》卷上，第4頁。
69　章太炎：《小學略說》，《國故論衡》卷上，第3頁。

玉裁分為十七部，孔廣森分為十八部，王念孫分為二十一部，夏炘分為二十二部。在他們研究的基礎上，章太炎定古韻為二十三部，並超越所有前人，為各韻部定下各韻的音值。他所撰寫的《二十三部音準》[70]，用漢字明白說出古韻古代應讀某音，儘管沒有國際音標那麼準確，但他正是引導後人注重韻值研究的開創者。對於古音的聲母問題，清代學者很少論列，只有錢大昕做過專門研究，論定古無輕唇音與舌上音。章太炎進一步論證古代「娘」、「日」二聲母歸於「泥」，確定古代聲母為二十一個。繼確定了《韻目表》之後，又確定了《紐目表》[71]。

為了比較系統而全面地闡明中國古代語言的形體、語音、字義的發展過程以及這三者之間的內在聯繫，1909年章太炎撰著了《小學答問》，1910年撰著了《文始》。前一部著作，是他同自己的幾位高足錢玄同、黃侃等相聚講論、答疑解惑的成果，內容是「以載籍成文鉤校枉韋，斷之己意，以明本字艁字流變之跡。其聲誼相禪、別為數文者，亦稍示略例，觀其會通」[72]。後一部著作，則比之更為深入而廣泛地「刺取《說文》獨體，命以初文，其諸渻變及合體象形、指事與聲具而形殘、若同體複重者，謂之准初文，都五百十字，集為四百五十七條，討其類物，比其聲均。音義相讎，謂之變易；義自音衍，謂之孳乳。坒而次之，得五六千名」[73]。這就是依據《說文》中的「純象形」或「純指事」的文字，即所謂「獨體」或「初文」，以

70　章太炎：《二十三部音準》，見《章氏叢書》本《國故論衡》卷上，第20—29頁。
71　章太炎：《紐目表》，見《國故論衡・小學略說附錄》。
72　章太炎：《小學答問》，錢玄同手寫本，第1頁。
73　章太炎：《文始敘例》，《章氏叢書》本《文始》，第2頁。

及包括省變、合體象形、合體指事、兼聲、複重等在內的「半字」或「准初文」[74]，用「孳乳」、「變易」的規律說明語言文字發展的源流，使《說文》中的九千多字約三分之二部分演變的歷程大體得以明瞭。章太炎自稱此書「雖未達神旨，多所缺遺，意者，形體聲類，更相扶胥，異於偏觭之議。……蓋先哲之所未諭，守文者之所痀勞。」[75]黃侃評價這部著作「令諸夏之文，少則九千，多或數萬，皆可繩穿條貫，得其統紀」[76]，並非溢美之詞。

在這同時，章太炎還撰就另一部重要著作《新方言》。這部著作，針對「方言處處不同」，而「俗儒鄙夫不知小學，咸謂方言有音而無正字，乃取同音之字用相攝代，亦有聲均小變，猝然莫知其何字」等情況，專求各種方言的「語根」。他指出：「若綜貫其實，則今之俚語，合于《說文》、《三倉》、《爾雅》、《方言》者正多，雙聲相轉而字異其音，鄰部相移而字異其韻。審知條貫，則根柢豁然可求。」[77]全書分釋言、釋親、釋形體、釋宮、釋器、釋天、釋地、釋植物、釋動物、音表等十一篇，從1906年開始撰述，1908年完成，在《國粹學報》上連載，1909年8月，於東京刊行了單行本。通過對於各地方言的廣泛搜集和縝密的比較研究，章太炎對方言中「筆箚常文所不能悉」的「難通之語」，依據它們的「聲音條貫」，逐一疏解，

74　黃侃：《說文略說》解釋「准初文」為「半字」，說：「半字者，一曰合體，合體指事，如叉；合體象形，如果，如朵。二曰渻變，渻者，如凡，如；變者，如，如匕，如，如夭，如矢，如尤。三曰兼聲，如氏，如。四曰複重，如二、三，積於一；艸、芔，積於芔；收，從、又；北，從人、匕。此種半字，即為會意、形聲之原。」見《黃侃論學雜著》，第3—4頁。

75　章太炎：《文始敘例》，《章氏叢書》本《文始》，第2—4頁。

76　黃侃：《聲韻略說》，《黃侃論學雜著》，第94頁。

77　章太炎：《漢字統一會之荒陋》，《民報》第十七號；收入《章氏叢書・太炎文錄別錄卷二》時，改題《論漢字統一會》。

總結了它們由古音變轉而來的一般規則，即所謂「方言六例」：一、一字二音，莫知誰正；二、一語二字，聲近相亂；三、就聲為訓，皮傅失根；四、餘音重語，迷誤語根；五、音訓互異，淩雜難曉；六、總別不同，假借相貿。「明斯六例，經以音變，諸州國殊言詰詘者，雖未盡憭，儻得模略，足以聰聽知原。」[78]全書共八百條。劉師培在為這部著作所寫的後序中指出：「夫言以足志，音以審言。音明則言通，言通則志達。異日統一民言，以縣群眾，其將有取於斯。」[79]章太炎對這部著作特別珍視，自詡為「懸諸日月，不刊之書」[80]。

圍繞著是否應當以漢語為民族語言的問題，1908年，章太炎與巴黎《新世紀》的編者們展開一場激烈的筆戰。「巴黎留學生相集作《新世紀》，謂中國當廢漢文而用萬國新語。……其所執守，以象形字為未開化人所用，合併字為既開化人所用。且謂漢文紛雜，非有準則，不能視形而知其字，故當以萬國新語代之。」[81]萬國新語，即歐洲一些學者以印歐語系的語言為基礎，在語音、詞彙、語法上加以改革，創造出來的一種國際輔助語，今通稱「世界語」。

在論辯中，章太炎指出：「文字者，語言之符；語言者，心思之幟。雖天然語言，亦非宇宙間素有此物，其發端尚在人為。故大體以人事為准。人事有不齊，故言語文字亦不可齊。」[82]「品物者，天下所公；社會者，自人而作。以自人而作，故其語言各函國性以成名，

78　章太炎：《新方言序》，見《章氏叢書》本《新方言》書首。
79　劉光漢：《新方言後序》，《章氏叢書》本《新方言》，第140頁。
80　章太炎：《漢字統一會之荒陋》，《民報》第十七號。
81　太炎：《駁中國用萬國新語說》，《民報》第二十一號，第49頁。
82　太炎：《規〈新世紀〉》，《民報》第二十四號，第55頁。

故約定俗成則不易。」[83]語言是思維的工具或直接現實，語言是社會交往的產物，由於思想意識形態不同，更由於人們的社會生活與社會交往的情況不同，語言就必然會有所不同。語言的本質，決定了民族語言與民族共同體不可分離的密切關係。章太炎指出：「若夫民族區分，舍語言則無以自見。」[84]任何一個發達的民族，他們的語言與他們「國民之性情節族」及「文史學術」總是緊緊聯繫在一起的。「一國之有語言，固以自為，非為他人。為他人者，特餘波所及耳。」[85]理所當然地，只要國家不消亡，民族界限不消除，民族語言就不可能消滅，不能用強制的手段消滅一種民族語言，使之改用另一種民族語言。「蓋改從他方言語而無害者，獨在草昧初開之族，符號簡單，則更之不為病。其間有強迫者，若亞拉伯文之用於馬來是也；有非強迫者，若波黎語之用於吐蕃是也。以其國素無歷史文學，一朝改從異語，於故有者未虧，而採獲新知無量，斯悅矣。」反之，若是早已脫離了草昧初開狀況，要使之改從他方語言，就會嚴重損害該民族的民族特性、民族文化與民族生存。「以冠帶之民，撥棄雅素，舉文史學術之章章者，悉委而從他族，皮之不存，毛將焉附？……語言文字亡，而性情節族滅。九服崩離，長為臧獲，何遠之有？」世界歷史的狀況表明，這樣做，必然要引起人們的激烈反抗，而且很難行得通。比如，俄國政府強迫波蘭「舍其國語而從新主」，波蘭民眾「面從而無誠服，家人父子暮夜造膝之間，猶私習故言，以抒憤懣，故露人偵伺雖嚴，而波蘭語猶至今在，其民亦慷慨有獨立心，後之光復，尚可

83　太炎：《規〈新世紀〉》，《民報》第二十四號，第56頁。
84　太炎：《規〈新世紀〉》，《民報》第二十四號，第51頁。
85　太炎：《規〈新世紀〉》，《民報》第二十四號，第59頁。

也」[86]。

　　萬國新語，或世界語，應否取代各民族的民族語言，應否取代漢語呢？章太炎在《駁中國用萬國新語》中指出：「萬國新語者，本以歐洲為准，取其最普通易曉者，糅合以成一種，於他洲未有所取也。大地富媼博厚矣，殊色異居，非白人所獨有。明其語不足以方行世界，獨在歐洲，有交通之便而已。」[87]在《規〈新世紀〉》中，他進而指出：「命為萬國新語，不如命為『歐洲新語』。其亞細亞人學之以為驛傳，取便交通亦可也。」以此，萬國新語這一名稱，「不若命為『外交新語』。正名為『外交新語』，則不以亂土風」[88]。在這篇文章中，他對制定「萬國新語」時所未考慮到的亞洲各大民族所使用的語言還專門作了分析。他指出，以面積計，亞洲一洲等於歐、美兩洲的總和，僅中國一國，便足與歐洲全洲相匹敵；以人口計，「合中國、印度、安南、日本、暹羅、朝鮮，已當全球之半」；就語言文字而論，亞洲「除去簡單者弗論，足以表彰學術、孳乳浸多者，漢文為一種，梵文為一種，波斯文為一種，亞拉伯文為一種。自波斯破滅，種人分散，保於印度，而驢唇之字亦絕，今所有者凡三種。三種異源，而各有其特性，不容鏟削以就一類」。在考慮使語言逐步統一時，不能不正視這一現實。可是，「若彼歐洲新語者，則徒以是交通白種而已」，完全沒有顧及亞洲廣大的地域、眾多的國家與民族，以及原先就已相當發展的各種語言文字的特點。章太炎認為，歐洲各種語言文字系由古希臘、羅馬語言文字逐步發展、衍生而來，所謂萬國

86　　太炎：《規〈新世紀〉》，《民報》第二十四號，第59—61頁。
87　　太炎：《駁中國用萬國新語說》，《民報》第二十一號，第49頁。
88　　太炎：《規〈新世紀〉》，《民報》第二十四號，第51頁。

新語，對於逐步統一這些語言文字，可以收到一定的成效；而亞洲語言文字，由於同歐洲各種語言文字並非同一語系，套用所謂萬國新語，收效必定甚微。較為切實的步驟，是相應於「歐洲新語」，從亞洲各種語言的實際出發，創造一種「亞洲新語」。「紐之繁莫如印度，韻之繁莫如支那。此二國者，執天均以比其音，雖有少缺，而較他方為完備矣。語言本所以為別音，愈繁則愈分。爾後造亞洲新語者，當舉是為原素，鎔冶之，導擇之，滌蕩邪穢，斟酌飽滿，令交通於東土。」[89]

漢語是不是紛雜而無準則的一種未開化的語言文字呢？《新世紀》編者以為漢字是未開化人所用的文字所持的一個重要理由，即漢字不是拼音字，即不是所謂「合音字」，因此，人們很難認識，中國識字的人所以很少。對此，章太炎指出：「若夫象形、合音之別，優劣所在，未可質言。合音之字，視而可識者。徒識其音，固不能知其義，其去象形，差不容以一黍。」他特別強調指出：「國人能遍知文字以否，在強迫教育之有無，不在象形、合音之分也。」比如俄國，俄語系拼音文字，然「俄人識字者，其比例猶視中國為少」[90]，便是明證。漢字是否可以改用合音字呢？章太炎認為，在一個幅員廣大、人口極多、交通隔絕、方言繁雜的國家，正是憑藉共同使用的文字來保持語言的統一；若是徑直改作拼音，則只能增加語言的混亂，導致嚴重後果。他寫道：「並音之用，只局一方。若令地望相越，音讀雖明，語則難曉。」[91]他承認，漢字確實有難認難知的缺點，但是，這

89　太炎：《規〈新世紀〉》，《民報》第二十四號，第51—52頁。
90　太炎：《駁中國用萬國新語說》，《民報》第二十一號，第49—50頁。
91　章太炎：《小學略說》，《國故論衡》卷上，第2—3頁。

些缺點並非不可克服，漢字並非不可改革為易能易知。為了使漢字容易認識，容易書寫，章太炎主張，要利用傳統的草書，借助於草書字形的定型化，借助於禁絕各種任意使字形筆劃損益的現象，使漢字筆劃由繁趨簡，同時，要制定一套簡便的注音方法，使識字者得以很方便地學會「審音之術」[92]。

為了注明漢字的讀音，古代採用「譬況」法與「讀若」法。譬況為某字，固然難以表達準確的字音，讀若某字，也經常會產生許多訛錯。如果找不到同音的字，或者同音的都是異常生僻的字，「讀若」便將無從入手。從東漢開始，人們創造了「反切」法，用兩個漢字的拼音來注明讀法。反切，並非將兩個漢字連讀而成一音，拼音時，系取前一漢字的聲母或「紐」與後一漢字的「韻母」或「韻」連讀。這種注音方法，在中國流傳了一千幾百年。然而，用以反切的許多漢字，自身就一字多音，而且音素往往也不單一，這就給反切造成了不少障礙。為了克服這些障礙，章太炎「取古文篆籀徑省之形」制定了五十八個注音符號，「紐文為三十六，韻文為二十二」，「上紐下韻，相切成音」。他建議，兒童初入學時，「即當以此五十八音，諦審教授，而又別其分等分聲之法」，然後再教以「五百四十部首」，使之瞭解字形結構和形義關聯，「程功先後，無過期年。自是以降，乃以蒙學課本為之講說」。他認為，運用這一教學方法，「形體音訓，根柢既成，後雖廢學，習農圃陶韋之事，以之記姓名而書簿領，不患其盲。若猶有不識者，音表具在，足以按切而知」[93]。

92　太炎：《駁中國用萬國新語說》，《民報》第二十一號，第52頁。
93　太炎：《駁中國用萬國新語說》，《民報》第二十一號，第59—69頁。

為瞭解決方言的歧異給語音統一和標準化帶來的困難，章太炎也提出了具體方案。他說：「若為便俗致用計者，習效官音，慮非難事。若為審定言音計者，今之聲韻，或正或訛，南北皆有偏至。……南北相校，惟江漢處其中流。江陵、武昌，韻紐皆正，然猶須旁采州國，以成夏聲。……若知斯類，北人不當以南紀之言為磔格，南人不當以中原之語為冤句。有能調均殊語，以為一家，則名言其有則矣。」[94]

　　章太炎所主編的《民報》同巴黎《新世紀》就語言文字問題所展開的這場爭論表明，爭論雙方都強烈地要求推進中國語言的發展與統一，以適應中國與世界新的需要。然而，在一系列重大問題上，彼此觀點又截然對立。爭論的實質，其實就是語言文字的發展與革新，究竟是否應當堅持從中國語言文字的實際出發，究竟怎樣才算是真正從中國語言文字的實際出發。《新世紀》的撰稿者們要求徑直以「萬國新語」取代漢語。他們把這件事看得非常簡單易行。吳稚暉專門寫了一篇《書〈駁中國用萬國新語說〉後》，便說只要做到「私家則以新語著書，學校則以新語教授」，萬國新語很快便可取代各民族語言，而成為世界上唯一的語言。而要做到這一點，也非常方便，「蓋止需各國校章，新語為中學必修之課，入高等學及大學所應修之外國語，皆代以新語，則圓滿之時至矣。」吳稚暉在這篇文章中對章太炎還極盡嘲諷之能事，除去破口大罵章太炎的主張為「邪說」，宣稱要「謚其名曰野蠻，晉其號曰頑固」外，還說什麼章氏「滿肚皮之不合時宜，欲取已陳之芻狗，將中國古世椎輪大輅、缺失甚多之死文及野蠻

94　太炎：《駁中國用萬國新語說》，《民報》第二十一號，第53—54頁。

無統之古音，率天下而共嚼甘蔗之渣，正所謂無當玉卮，陳之於博物館，則可觸動臭肉麻之雅趣，若用之大飯莊，定與蔥根菜葉共投之於垃圾之桶。」[95]用惡意的人身攻擊來掩飾自己立論的脆弱，取代嚴肅而認真的研究與討論。章太炎與吳稚暉的主張不同，他反對不切實際的誇誇其談，反對嘩眾取寵和故作聳人聽聞之詞，而堅持從中國語言文字的實際狀況出發，採取切實可行的措施，促進它的進一步發展與進一步統一。對於吳稚暉的惡意攻訐，他冷靜地回答說：「漢土之語言文字，傳之四千歲，服習之者四萬萬人，非吾所擅而有。其蕃衍而為國學者，自先正道其源，並世亦時有二三鉅子。吾在皇漢黔首之間，財比稊米。……夫以民德之所幹維，種性之所隱據，卒然有妄庸子攘臂欲撥去之，萬眾未祛，睢睢盱盱，塊余走卒，甯得不為權首以相捍衛？斯門戶者，漢種之門戶；斯聲譽者，諸華之聲譽；于吾身何有焉！」[96]表明他堅定不移地要把語言文字的革新努力確立在對中國語言文字實際，特別是其內在規律的深入瞭解這一基礎之上。

章太炎努力建立近代統一的民族語言的努力，曾經影響了一代學人。辛亥革命後，中國的大學語言學講壇上，他的弟子們曾經佔據了舉足輕重的地位。1913年，教育部召集「讀音統一會」，也正是他的弟子如胡以魯、周樹人、朱希祖、馬裕藻、許壽裳等，聯合提議採用他所制定的注音符號，「遂得全會贊同」[97]，使這套注音符號其後在中國運用了好幾十年。

95　燃料（吳稚暉）：《書〈駁中國用萬國新語說〉後》，《新世紀》第五十七期。
96　太炎：《規〈新世紀〉》，《民報》第二十四號，第63頁。
97　許壽裳：《章炳麟》，勝利出版公司，1946年版，第95—96頁。

5.4 人性新論

共同的心理素質，是近代民族共同體形成過程中精神活動所環繞的軸心。中國在漫長的歲月流逝中，早已形成了以祖先崇拜與皇權至上為支柱的共同心理習俗。這種心理與習俗，在人與人的關係上，一極是超經濟的強制，另一極則是農奴式的屈從。祖先崇拜，使人們習慣於墨守成規，若非祖禮，則弗視、弗聽、弗思、弗動。皇權至上，使人們在重重等級的重壓下扭曲變形，失去活力。近代中國的民族發展所需要的究竟是什麼樣的共同心理素質，究竟應當怎樣培育與發展這種共同心理素質，這是近代中國許多進步思想家所關注並試圖加以解決的問題，也是章太炎所兢兢業業從事的學術研究活動的一個重要方面。

近代中國，第一個為「人的解放」而吶喊的，是康有為。1885年，康有為「手定大同之制，名曰《人類公理》」；1886年，康有為「又作《公理書》，依幾何為之者」[98]。這兩部手稿，今俱遺佚。所存早期遺稿中有一部著作，題名《實理公法全書》[99]，寫定於1891—1892年前後，書中依據所謂「幾何公理」推演出一系列法則，作為人類社會所應遵循的公理，作為衡量中外各國古往今來所有社會政治制度是非得失的標準。這部著作通過夫婦、父母子女、師弟、君臣、長幼、朋友等各種人與人的關係，以及人與人發生關係所包括的禮儀、刑罰、教事、治事等各個方面的逐一分析，說明了人的本質是否

98　康有為：《康南海自編年譜》。
99　薑義華、吳根樑主編：《康有為全集》第1卷，上海古籍出版社，1987年版，第275—309頁。

符合實理與公法，正具體地體現在所有這些實際的人與人的關係之中。什麼樣的人方才是真正合乎「實理」與「公法」的理想的人呢？康有為認為，一要「人類平等」，二要「人有自主之權」。如果沒有真正實現「平等」與「自主」，那就是人的本質受到了摧殘，違背了「幾何公理」。比如，在夫婦關係上，「凡男女之約，不由自主，由父母定之」，「男為女綱，婦受制於其夫」，這就「與幾何公理不合，無益人道」；在師弟關係上，「聖權無限，凡奉此聖之教者，所有言論，惟以此聖為主，不以理為衡」，這就「與幾何公理全背」，「無益人道」；在君臣關係上，「君民共主，威權有限」已經「失幾何公理之本源」，「君主威權無限」則「更大背幾何公理」。人的平等與自主之權的真正實現，有賴於社會各個方面切切實實的變革。家族宗法制是中國封建社會層累結構的基礎，打破封建家族倫理關係便被康有為看作真正實現人的平等與自主的起點；皇權至上是中國封建政治制度的主要支柱，康有為便把「立一議院以行政，並民主亦不立」看作最高的境界，看作人的平等與自主的充分實現。巨大的政治和輿論壓力，使康有為一直不敢將他的這些觀點明白曉暢地宣佈出來；他採用了「托古改制」的方法，極力借助於孔學中的舊概念，較為隱晦曲折地來表達他的這些思想。

繼康有為之後，譚嗣同、梁啟超在他們所著的《仁學》、《新民說》等著作中，也把人的解放作為中心議題，闡述了與康有為相類似的觀點。在理論形式上，他們師法康有為的「托古改制」，特別是譚嗣同，極力把他們離經叛道的觀點裹在一身古色古香的儒服中。他們還糅雜了不少佛教與基督教的詞語在自己的著作中，使得他們的理論

更加色彩斑斕。

章太炎人性新論，是在對這些先行理論的揚棄中逐步形成的。

1899年章太炎發表的《菌說》，直接針對譚嗣同的《仁學》，首次較為系統地闡述了他自己關於人性問題的觀點。

譚嗣同《仁學》激烈地反對三綱五倫，認為人與人的關係應當做到「一曰平等，二曰自由，三曰節宣惟意。總括其義，曰不失自主之權而已矣」。他認為，中國傳統的「五倫」之中，只有朋友之道符合這個條件。無論君臣、父子、夫婦，還是弟兄，都應當成為朋友式的平等、自由而自主的關係。譚嗣同突出了人的社會屬性，然而，他主要是借助於感性直觀，缺乏對於人的社會屬性歷史變遷過程的深入分析，特別是在說明人的自然屬性與思維屬性以及這二者同人的社會屬性的關係時，他求助於被他神秘化了的「乙太」、「仁」、「心力」、「靈魂」等等，用它們構成宇宙本體，來直接論證萬物必然相通，人人必須自由和平等。忽略了人的本質或人性發展變化的自然史過程。

《菌說》關於從海藻到魚、從魚到人的進化過程的敘述，關於人性離不開人的官骸即離不開人的肉體組織的觀點，關於乙太如果是人性或靈魂之原那它也絕不會是非物質的東西的論證，都說明瞭人是自然界發展的產物，人類活動是整個自然界運動的有機的組成部分，因此，考察人性，第一步就需要考察人的自然屬性，即人的官骸組織以及他們與自然界的關係，將對於人的本質的探究放置在自然史的基礎上。

關於人的社會屬性，譚嗣同從「仁為天地萬物之源」直接推導出人性本善，不承認惡的存在；他認為，惡僅僅是因為人們囿於習俗，不瞭解善的本質，而給以加上惡的名稱，方才產生的。所以，他說：「天地間仁而已矣，無所謂惡也。惡者，即其不循善之條理而名之。」[100]章太炎認為，事實並非如此。他說：「夫言人性，則必有善有惡矣。」「雖然，以符驗言，則性惡為長。」性惡，並不是表示善不存在，而只是表示人不可能生來純善，「既非純善，即謂之惡，猶之既舂之米，謂之精鑿，未舂之米，謂之粗糲。粗糲雲者，對精鑿言之，而非謂其與稂莠比肩也。」[101]正基於此，章太炎堅持人的社會屬性只能是後天的，只能是人們的社會生活與社會關係的產物。他指出，所謂仁義，所謂兼愛、尚同等等，正起源於人們的物質存在和物質生活，「官骸雖一時暫有，而兼愛既濟之道，即由官骸而生」，「人之嗜欲，著於聲、色、香、味、觸、法，而仁義即由嗜欲而起」[102]。兼愛、仁義等等，都正是人們用以「去其太甚」、「栝烝矯之」，使「人得合群相安」的產物[103]。稍後，在《菌說》修改稿中，他依據洛克「人之精神，本如白紙」和培根「一切道德，皆始自利」的論點，進一步指出：「夫善惡生於自利，而自利非善惡；自社會言之，則有善惡矣。」[104]人的心靈在接受外界環境與教育的影響之前是一塊白板，全部道德都發端於人們吃、穿、住、行等最基本的生活需要，這兩者足證人的善、惡等等差別，只能是社會環境與教育的產物，只能

100　譚嗣同：《仁學》，《譚嗣同全集》增訂本，第301—302頁。
101　章太炎：《菌說》，《清議報全編》卷五。
102　章太炎：《菌說》，《清議報全編》卷五。
103　章太炎：《菌說》，《清議報全編》卷五。
104　章太炎：《菌說》修改手稿，北京圖書館藏，參見《章太炎選集》，第86頁。

是人們社會聯繫的產物。也正是根據這一認識，1906年10月章太炎在《民報》上發表的《革命之道德》，依據現實生活中的社會分工，將全體社會成員分成農人、工人、裨販、坐賈、學究、藝士等十六類，逐一用他們生產活動、社會地位、生活實踐和社會交往狀況的不同，說明他們相互之間道德水準的差別，論證了在那個社會中，為什麼人們會「知識愈進，權位愈申，則離于道德也愈遠」[105]。

主編《民報》以後，章太炎人性問題一系列重要觀點的鋒芒更為明朗地顯露了出來。

首先，在人與自然的關係上，他斷言：「就人間社會言之，凡所謂是非者，以侵越人為規則為非，不以侵越自然規則為非。人為規則，固反抗自然規則者也。」按照自然界的規則，是生存競爭，弱肉強食，人之所以為人，正是因為人超越並力圖克服這一自然規則。「黠者之必能詐愚，勇者之必能凌弱，此自然規則也。循乎自然規則，則人道將窮；於是有人為規則以對治之，然後烝民有立。」[106]這正是人的自然屬性和動物自然屬性的根本區別之所在。

在人的個性與社會性的關係上，章太炎寫道：「蓋人者，委蛻遺形，倏然裸胸而出，要為生氣所流，機械所制，非為世界而生，非為社會而生，非為國家而生，非互為他人而生。故人之對於世界、社會、國家與其對於他人，本無責任。責任者，後起之事。必有所負於彼者，而後有所償於彼者；若其可以無負，即不必有償矣。然則人倫

105　太炎：《革命之道德》，《民報》第八號，第24頁。
106　太炎：《四惑論》，《民報》第二二號，第20頁。

相處，以無害為其限界。過此以往，則巨人長德所為，不得責人以必應如此。」他又寫道：「即實而言，人本獨生，非為他生。而造物無物，亦不得有其命令者。吾為他人盡力，利澤及彼而不求圭撮之報酬，此自本吾隱愛之念以成，非有他律為之規定。吾與他人戮力，利澤相當，使人皆有餘而吾亦不憂乏匱，此自社會趨勢迫脅以成，非先有自然法律為之規定。」在這裡，他特別強調了個人有成為自己命運的創造者的自由，強調了社會、國家不能在「利澤相當」這一界限之外強制人們片面地承擔政治的、經濟的、思想的、社會的責任與義務。他說：「宋世言天理，其極至於錮情滅性，烝民常業，幾一切廢棄之。」而如果藉口「公理」要求，「以世界為本根，以陵藉個人之自主，其束縛人，亦與言天理者相若。」他將人與社會的關係規定為「既已借力於人，即不得不以力酬人」的關係，實際上，就是要將商品經濟中通行的等價交換關係，看作確保個性獨立、個性自由的先決條件。[107]

　　《國故論衡》卷下《辨性》上、下篇，是章太炎這一時期人性新論的代表作。

　　《辨性》劈頭就說：「萬物無自性。」章太炎在《章氏叢書》本《國故論衡》中，特別加了一個注，說：「自性者，不可變壞之謂。情界之物，無不可壞；器界之物，無不可變；此謂萬物無自性也。」[108]情界、器界的任何物體，都不可能不生不滅，絕對不變。人，人性，當然也不例外。人，人性，是怎樣通過人自身的精神活動而生滅

107　太炎：《四惑論》，《民報》第二十二號，第1—5頁。
108　章太炎：《章氏叢書·國故論衡》卷下，第148頁。

變化的呢？章太炎說：「人心者，如大海，兩白虹嬰之，我見、我癡是也；兩白蛟嬰之，我愛、我慢是也。彼四德者，悉依隱意根。由我見，人有好真之性；由我愛，人有好適之性；由我慢，人有好勝之性。責善惡者於愛慢，責智愚者於見癡。」[109] 在這裡，章太炎將人們的精神活動，歸結為「我愛」與「我慢」、「我見」與「我癡」既相對立又相依存的運動。他認為，人與自然界的關係，人與社會的關係，人自身的思維活動，都是通過這兩對矛盾著的心理、欲求、精神彼此制約著的運動而使人性為之變遷發展的。《辨性》上篇，主要討論了「我愛」與「我慢」這一組矛盾著的心理與精神複雜的內在關係以及它們的作用，下篇則主要討論了「我見」與「我癡」這一組矛盾著的心理與精神複雜的內在關係以及它們的作用。

所謂「我愛」，按照《成唯識論》的說法，「謂我貪，於所執我，深生耽著，故名我愛。」所謂「我慢」，按照《成唯識論》的說法，「謂倨傲，恃所執我，令心高舉，故名我慢」。在《成唯識論》中，我愛、我慢與我見、我癡合稱「四根本煩惱」；而之所以給稱作「根本煩惱」，則給說成是因為「此四常起，擾濁內心，令外轉識恒成雜染，有情由此生死輪回，不能出離」[110]。

章太炎在《辨性》中使用這些概念，與《成唯識論》不同，他不是為了用以說明「有情由此生死輪回」，而是為了表述人的最為原始的一些心理活動，用來說明人性善惡的變遷過程。「我愛」，在章太炎這裡，代表了追求幸福的欲望；「我慢」，則代表了「求必勝於人」

109　太炎：《辨性》下，1912年上海大共和日報再版《國故論衡》卷下，第209頁。
110　護法等造、玄奘譯：《成唯識論》卷四。

的心理。章太炎將它們都看作「意根」，亦即人的肉體存在的必然產物，所以反覆說明：「夫我愛、我慢者，此意根之所有。」[111]「愛、慢異流，而同其根柢。」[112]章太炎還一再強調，它們的作用雖然相反，「我慢足與他人競，我愛足與他人和」，「慢之性使諸我相距，愛之性使諸我相調」[113]，但是，它們又相反而相成，彼此不可分離。他說：「我愛、我慢，其在意根，分齊均也，而意識用之有偏勝。……雖然，人之生未有一用愛者，亦未有一用慢者。慢者，不過欲盡制萬物，物皆盡，則慢無所施，故雖慢猶不欲蕩滅萬物也；愛者，不過能近取譬，人扼我咽，猶奮以解之，故雖愛猶不欲人之加我也。」[114]正是人、我之間這種既相對立又相依存的關係，決定了「我慢與我愛交相倚」，且「若寶劍之有文鐈」，「如浮脂不可脫，如連珠不可掇」[115]。

　　既然「我愛」與「我慢」是由人的肉體存在而必然產生的心理與欲望，而且兩者必然共生並存，那麼，為什麼會形成人或善或惡不同的品質呢？

　　章太炎在解答這個問題時，將善與惡區分為「審善」、「審惡」與「偽善」、「偽惡」兩類。

　　「任運而起，不計度而起，故謂之審。」「審」，就是出自本能的、原發的、不求施報的意思。所以，「審、諦、真，一實也，與偽

111　太炎：《辨性》上，《國故論衡》卷下，第199頁。
112　太炎：《辨性》下，《國故論衡》卷下，第206頁。
113　太炎：《辨性》下，《國故論衡》卷下，第205—206頁。
114　章太炎：《辨性》上，《國故論衡》卷下，第200頁。
115　章太炎：《辨性》上，《國故論衡》卷下，第206頁。

反。」[116]所謂「審善」，就是所謂「誠愛人」，「知人人皆有我，知之故推我愛以愛他人」。如孟子所說的，「今人乍見孺子將入井，皆有怵惕惻隱之心」，這種感情「不待師法教化」，這就是「審善」。所謂「審惡」，就是「我慢」，指「不為聲譽權實起也」的那種「無以為而為之」的「一往勝人之心」。如一般人為了娛樂消遣而弈棋，「當其舉棋，攻劫放舍，則務於求勝」，便是這種出自本能的「惡」[117]。這種本能的善與惡都是與生俱來的。

偽，並非虛偽，這裡所指的乃是為著特定的目標，有所選擇地採取行動。「計度而起，不任運而起，故曰偽。」[118]所謂「偽善」，指的就是「有為而為善」。「偽善有數：利人者欲以納交要譽，一也；欲以生天，二也；欲以就賢聖，三也；欲以盡義，四也（盡義之說有二：出乎心所不能已者，為真；以為道德當然而為之者，為偽）；此皆有為。」而所謂「偽惡」，則是指「有為而為惡者」。章太炎解釋說：「今人何故為盜賊奸邪？是饑寒迫之也。何故為淫亂？是無所施寫迫之也。何故為殘殺？是以人之墮我聲譽權實迫之也。雖既足而為是者，以其志猶不足，志不足故複自迫，此其為惡，皆有以為者，是故予之偽惡之名。」[119]很明顯，所謂偽善與偽惡，指的就是後天的、在一定的環境影響之下並為了一定目標而做出的善行或惡行。

章太炎認為，由人的肉體存在而必然產生的審善、審惡，不易改變；但由人的社會存在而產生的偽善、偽惡，則比較容易改變。「人

116　章太炎：《辨性》上，《國故論衡》卷下，第200—201頁。
117　章太炎：《辨性》上，《國故論衡》卷下，第198—202頁。
118　章太炎：《辨性》上，《國故論衡》卷下，第201頁。
119　章太炎：《辨性》上，《國故論衡》卷下，第200—201頁。

之相望，在其施偽善；群之苟安，待其去偽惡。」[120]改造人的本性或品質，主要的，也就是改變這後天產生的偽善與偽惡。

怎樣才能根除偽惡即社會環境逼迫人所做的惡行呢？章太炎說：「偽惡可以偽善去之。偽之與偽，其勢足以相滅。」[121]這就是明確要求，用後天的、由人的社會存在而產生的「善」品質來克服後天的、由人的社會存在而產生的「惡」品質。根據這一觀點，人性的變革便與社會存在的變革直接聯繫了起來。要使人們不為盜賊奸邪，就應當防止「饑寒迫之」；要使人們不為淫亂，就應當防止「無所施寫迫之」；要使人們不為殘殺，就應當防止「人之墮我聲譽權實迫之」；等等，都不是依靠因人的肉體存在而產生的「審善」心理或欲望，而是依靠改變社會存在的環境，從而用「偽善」去除「偽惡」。

區分「審善」、「審惡」與「偽善」、「偽惡」，是為了改變現實的人，改變他們現實的品質。「偽善」與「偽惡」是後天的、社會存在的產物，可以改變，人原生的「審善」與「審惡」，是否就完全不可以改變呢？章太炎指出：「以審善惡遍施於偽善惡，以偽善惡持載審善惡，更為增上緣，則善惡愈長，而亦或以相消。」[122]這就是確認作為人的自然屬性的「審善」、「審惡」和作為人的社會屬性的「偽善」、「偽惡」，既互相區別，又互相聯繫，互相作用，「偽善」與「偽惡」固然因此而可以改變，「審善」與「審惡」同樣因此也可以改變。章太炎特別著重指出：「偽善者，謂其志與行不相應。行之習，

120　章太炎：《辨性》上，《國故論衡》卷下，第202—203頁。
121　章太炎：《辨性》上，《國故論衡》卷下，第203頁。
122　章太炎：《辨性》上，《國故論衡》卷下，第202頁。

能變其所志以應於行，又可以為審善。何者？以人性固可以愛利人，不習則不好，習焉而志或好之。……是故持世之言，以偽善羑道人，雖浮屠猶不廢。蕭賓霍爾不悟，以為惡不可治，善不可以勉就，斯過矣。」[123]這裡，強調了經常的「偽善」的實踐，可以使「偽善」漸漸轉化為「審善」，並指名批判了叔本華的悲觀主義論調。

對於「我愛」、「我慢」以及「審善」、「審惡」、「偽善」、「偽惡」的分析，著重說明瞭人應當怎樣從自身的自然存在與社會存在所形成的欲望、心理的支配中解脫出來；然而，作為人的思維屬性，它所包含的還不僅僅是這些欲望與心理，於此之外，它還包含著另一重要內容，即人的智力發展狀況。繼《辨性上》之後，在《辨性下》中，章太炎就集中剖析了人的智力發展的內在矛盾，專門研究了如何使人從種種愚昧觀念的桎梏中解放出來的問題。

章太炎用以說明人的智力內在矛盾的一組對立面，是所謂「我見」與「我癡」。《成唯識論》解釋這兩個概念的含義時說：「我癡者，謂無明。愚於我相，迷無我理，故名我癡。我見者，謂我執。於非我法，妄計為我，故名我見。」[124]章太炎使用這兩個概念，所表示的含義與此則有很大差異。他寫道：

我見者，與我癡俱生。何謂我癡？根本無明則是。以無明不自識如來藏，執阿羅耶以為我，執此謂之見，不識彼謂之癡。二者一根，若修廣同體而異其相。意識用之，由見即為智，由癡即為愚。智與愚

123　章太炎：《辨性》上，《國故論衡》卷下，第203頁。
124　護法等造、玄奘譯：《成唯識論》卷四。

者，非晝夜之校，而巨燭熅火之校。癡與見不相離，故愚與智亦不相離。[125]

在章太炎這裡，「我見」與「我癡」同意識活動的「智」與「愚」成了同義語。這一段論述，說明瞭智與愚的差別並非像晝與夜那樣截然對立，而只是像巨燭與熅火的亮度那樣程度有所不同。正因為如此，他斷言，世界上決沒有天生的有見無癡的上智之人，也決沒有冥頑如瓦礫的有癡無見的下愚之人，見與癡互相依存，智與愚也必定是共存共生。這就決定了人們不論處於原始狀態，還是文明相當發展，都必須對鉗束著自己的種種愚昧觀念保持清醒的認識，努力從這種鉗束中解放出來。

對天、上帝、天道、天理、等級、名分、禮教等等名教崇拜，在《辨性下》中，被視為愚昧的表徵，被當成「文教之國固多智，以其智起愚，又愚於蠕生之人」[126]的明證。章太炎認為，如果對此不覺悟，反而以愚昧為明智，心安理得，「見與癡固相依，其見愈長，故其癡亦愈長」[127]，那就會越發沉淪下去。必須認清所有這些名教觀念都是愚昧的產物，絕不可把它們當作永恆不變的實在，更不可迷信、執著和屈從這些名教觀念。只有如此，人的思維以及思維的人方才不致繼續沉浸在迷誤之中而不自知。

中國傳統的人性學說大致有五派：告子主張人性無善無不善；孟

125　章太炎：《辨性》下，《國故論衡》卷下，第209頁。
126　章太炎：《辨性》下，《國故論衡》卷下，第210頁。
127　章太炎：《辨性》下，《國故論衡》卷下，第215頁。

軻主張性本善；荀況主張性本惡；揚雄主張人性善惡相混；漆雕開、世碩、公孫尼、王充以及後來的韓愈主張性善、性惡以人相異，分作上、中、下三品。章太炎認為：「五家皆有是，而身不自明其故，又不明人之故，務相斬伐，調之者又兩可。獨有控名責實，臨觀其上，以析其辭之所謂，然後兩解。」他根據自己的哲學和人性學說，對以上五派所說的人性不同的含義一一作了剖析。他指出，孟子的性善論與荀子的性惡論，都是「以意根為性」，即都是以人的肉體存在、人的自然屬性為人的基本屬性。然而，「意根」有「我愛」與「我慢」這兩重屬性，它既可以為善，又可以為惡，孟軻、荀況各執其一，他們彼此爭訟不休，其實都是「蔽於一隅」。告子性無善無不善論所說的「性」，同孟、荀不一樣，它不是以「意根」為性，而是「即生以為性，是阿羅耶識也」。阿羅耶識是構成人的肉體存在的本源，但是，它本身並不等於人的肉體存在，因而，它不執持自我，沒有關於自我的意識，「不執我則我愛、我慢無所起，故曰無善無不善也。」揚雄在《法言‧修身》中提出了「人之性也，善惡混，修其善則為善人，修其惡則為惡人」的著名論點，對此，章太炎評論說：「揚子以阿羅耶受熏之種為性。夫我愛、我慢者，此意根之所有。動而有所愛、有所慢，謂之意識，意識與意根應。愛、慢之見，熏其阿羅耶，阿羅耶即受藏其種，更迭死生，而種不焦敝。前有之種，為後有之增性，故曰善惡混也。」人在開始有意識的活動之後，後天的種種條件與活動本身不可避免地要反作用於人本身，使人本身發生變化，從而也使作為人的自然存在本源的「阿羅耶」產生變化。「阿羅耶」所接受的這種後天的影響，便是「阿羅耶受熏之種」。章太炎強調，「形氣轉續，變化相嬗」是普遍規律，「阿羅耶」也在「恒轉」之中，所

謂「善惡混」正反映了後天的因素對人性發展所產生的影響。漆雕開、世碩、公孫尼、王充與韓愈等人的善惡以人殊的理論，章太炎認為，也都是「以受熏之種為性」，即以後天的影響、後天所形成的品質為人的本性。「我愛、我慢，其在意根，分齊均也，而意識用之有偏勝，故受熏之種有強弱。」人的自然屬性彼此相同，但不等於人在開始有意識的活動以後表現完全一樣，人們後天的活動不同，在後天活動基礎上形成的心理、感情、品質也就會不同，「複得後有，即仁者、鄙者殊矣」。兩千多年來，各種不同學派環繞著人性問題一直爭執不休。章太炎的《辨性》清楚地表明，他力圖使他自己的人性理論成為中國悠久的豐富的人性學說總結性的成果。

中國人性學說發展的歷史表明，《辨性》確實是一份重要文獻。它是章太炎一篇具有總結性的人性論專門著作。通過對人的思維活動的剖析，章太炎明確地區分了人的自然屬性與社會屬性，對於這兩種不同屬性形成的不同基礎、不同條件作了說明。這些論點，大大超出了他本人以及同時代許多人的人性觀點。

5.5 「文學復古」

「文學復古」，是辛亥革命前勃興的近代民族文化運動的又一個重要組成部分。提出「文學復古」的口號，並且身體力行的，也正是章太炎。

「文學復古」，是歐洲「文藝復興」一詞的中譯。文藝復興的主要意義不是復古，而是創新。它在古代文學藝術遺產中努力發掘，是

為了以更為充實雄厚的力量掃除中世紀文藝的垃圾，創立適應時代要求的新的文學與藝術。章太炎所宣導的「文學復古」，包含著同樣的精神。

1902年章太炎在《新民叢報》上發表的《文學說例》，是他宣導「文學復古」的一篇綱領性文獻。1906年，他在東京於國學講習會以《論文學》為題所作的專門演講，同年，據《論文學》增訂而成發表於《國粹學報》的《文學論略》，稍後，將《文學論略》複加損益而收輯於《國故論衡》中卷的《文學總略》，則是他《文學說例》一文的繼續與發展。這些文獻，展現了章太炎「文學復古」具體而真實的內容。

自從中唐韓愈、柳宗元發動古文運動以來，古文，即上繼先秦兩漢文體的散文，成了「文」與「文學」的正宗和文壇旗幟。經過宋、元、明三代，到清代桐城派手中，古文因在內容上囿於「文以載道」，在形式上陳陳相因，早已從全盛走向衰微。沉寂了漫長歲月的駢文，作為對前者的懲罰，到清代中葉，驟然中興起來。一大批漢學家，不僅擅長駢文，而且公開樹起旗幟，同宗法宋學的桐城派古文家爭奪文學的正統地位。蕭統在《昭明文選序》中給「文」下過一個定義，說：「事出於沉思，義歸乎翰藻者為文。」清代許多漢學家都利用這一定義來與古文家抗衡。阮元就是他們中間的一個代表人物。他專門寫過一篇《文言說》，挾孔子《文言》而為駢文張目，說：「千古之文，莫大於孔子之言《易》。孔子以用韻比偶之法錯綜其名，而自名曰『文』。何後人之必欲反孔子之道，而自命曰『文』，且尊之

曰古也？」[128]這就是以既用韻又尚偶儷的駢文為「文」，為此，他建議改「文章」二字為「彣彰」，以顯示其特徵。章太炎為「文」與「文學」所下的定義，是對以上這兩種傾向的否定。

他在《論文學》中寫道：

何以謂之文學？以有文字著於竹帛，故謂之文；論其法式，謂之文學。凡文理、文字、文辭，皆謂之文。而言其采色之煥發，則謂之彣。……或謂文章當作彣彰，此說未是。要之，命其形質，則謂之文；狀其華美，則謂之彣。凡彣者，必皆成文；而成文者，不必皆彣。是故研論文學，當以文字為主，不當以彣彰為主。[129]

在《文學總略》中，章太炎對這一段話又作了許多補充。直接針對阮元的《文言說》，章太炎寫道：「今欲改文章為彣彰者，惡夫沖淡之辭，而好華葉之語，違書契記事之本矣。孔子曰：『言之無文，行而不遠。』蓋謂不能舉典禮，非苟欲潤色也。《易》所以有《文言》者，梁武帝以為文王作《易》，孔子遵而修之，故曰『文言』。非矜其采飾也。」[130]

這裡，章太炎以有文字著於竹帛為「文」，以文字著於竹帛的法式為「文學」，給「文」與「文學」下了一個界限最為寬廣的定義。按照這一定義，信奉「文以載道」的古文辭固然可稱之為文，信奉

128　阮元：《文言說》，《揅經室三集》卷二。
129　章太炎：《論文學》，《國學講習會略說》，第33頁。
130　章太炎：《文學總略》，《國故論衡》卷中，第67頁。

「以翰藻為歸」的駢文也可稱之為文，而「文」又不僅僅限於這二者，更不是僅侷限於其中的一個。這一定義顯示了「文學復古」將在何等廣大的領域內進行。

章太炎強調「文者，包絡一切著於竹帛者而為言」[131]，首先是為了反對將「文」引向專門崇尚形式而忽略現實內容的歧途。劉勰在《文心雕龍‧總術篇》中說過：「今之常言，有文有筆。以為無韻者筆也，有韻者文也。」阮元借用文與筆的這種分別，極力抬高專務華辭偶儷的駢文，而貶低樸簡寫實的散體。章太炎直率地指出，專以用韻、用偶等來限定「文」完全不科學。他指出，魏、晉以前並不存在什麼「文」、「筆」分別。那時，「所謂文者，皆以善作奏記為主」，並非如後人那樣「擯此于文學外，沾沾焉惟華辭之守」。晉代以後，文與筆漸漸有所區別，但當時許多著名作者都文、筆並重，並沒有將筆擯之於文苑之外。他認為，由於所要反映的實際不同，駢體、散體，或文、筆，都有必要得到運用與發展。「蓋人有陪貳，物有匹偶，愛惡相攻，剛柔相易，人情不能無然，故辭語應以為儷；諸事有綜會，待條牒然後明者……反是或引端竟末，若《禮經》、《春秋經》、《九章算術》者，雖欲為儷無由。猶耳目不可只，而胸腹不可雙，各任其事。」[132]很明顯，章太炎並沒有對駢體簡單地採取一概排斥的態度，只要內容需要，運用駢儷也是應當的。在這一點上，他同古文家的立場大相逕庭。事實上，當他堅持應當把作品的內容放在第一位、形式必須服從內容時，他同時也有力地批判了古文家。在作為

131　章太炎：《文學總略》，《國故論衡》卷中，第71頁。
132　章太炎：《文學總略》，《國故論衡》卷中，《章氏叢書》本，第56—58頁。

《文學總略》姊妹篇的《論式》中，他就指名道姓地批判了韓愈、蘇軾等人，說：「夫李翱、韓愈，局促儒言之間，未能自遂；權德輿、呂溫及宋司馬光輩，略能推論成敗而已；歐陽修、曾鞏，好為大言、汗漫無以應敵，斯持論最短者也。若乃蘇軾父子，則佞人之餕餕者。凡立論，欲其本名家，不欲其本縱橫。儒言不勝，而取給於氣矜，遊貜怒特，蹂稼踐蔬，卒之數篇之中，自為錯牾。古之人無有也。」[133]這恰好證明，他關於「文」及「文學」的定義，與駢文家、古文家這兩大傳統流派都截然不同。

　　章太炎提出「權論文學，以文字為准，不以彰為准」，把文學研究的範圍擴大到了探索幾乎所有文章的「法式」，實際上也就提出了全部文風、文體如何改革的問題。早在《文學說例》中，他就已闡述了自己的觀點。他寫道：「文學之始，蓋權輿於言語。」然而，言語並不等於外界事物，一旦表現為文字，則必然會與外界事物產生更大的距離。他引用姊崎正治的《宗教病理學》「言語本不能與外物吻合，則必不得不有所表像」、「人間思想，必不能騰躍於表像之外，有表像主義，即有病質」等論點作證，說明「言語不能無病，然則文辭愈工者，病亦愈劇」。他指出：「是其分際，則在文言、質言而已。文辭雖以存質為本幹，然業曰文矣，其不能一從質言可知也。文益離質，則表像益多，而病亦益甚。斯非獨魏、晉以後然也，雖上自周、孔，下逮嬴、劉，其病已不訾矣。」正因為如此，對中國整個傳統的文辭便都有進行變革的必要。為了克服「文益離質」的毛病，章太炎提出，一要「斷雕為樸」，二要勇於「解剖」。他指出，「中夏言詞，

133　章太炎：《論式》，《國故論衡》卷中，第122頁。

蓋有兩極而乏中央，多支別而少概括」，「所以為名詞、形容詞者，亦甚純簡」，這對於縝密而準確地反映實際非常不利。所謂勇於「解剖」，就是要求能夠更為細緻、更為深入地揭示客觀實際的本來面目。為此，他大聲疾呼，要敢於打破自詡為「天然之完具」的舊文辭，而鍛造出「真完具」的新文辭。他寫道：「金之出礦必雜砂，玉之在璞必銜石，鈃攻鍛，必更數周，而後為黃流之勺，終葵之圭。夫如是，則完具之名器，非先以破碎，弗能就也。破碎而後完具，斯真完具爾。任天產之完具，而以破碎為戒，則必以雜砂之金、銜石之玉為鉅寶也。」[134]

章太炎追溯文的起源，將文分作「有句讀文」和「無句讀文」兩大類。「無句讀文」包括圖畫、表譜、簿錄、算草四種；「有句讀文」又分「有韻文」與「無韻文」，「有韻文」包括賦頌、哀誄、箴銘、占繇、古今體詩、詞曲六種；「無韻文」包括學說（諸子、疏證、平議）、歷史（紀傳、編年、紀事本末、國別史、地志、姓氏書等）、公牘（詔誥、奏議、文移、批判、告示、契約等）、典章（書志、官禮、律例、公法、儀注）、雜文（符命、論說、對策、雜記、述序、書箚）、小說六種。[135]章太炎認為，「文學復古」所涉及的範圍，應當包括所有這些方面；至於它們究竟應當如何變革，則應根據各自的特點分別提出具體的要求。

章太炎首先說明，「有句讀文」與「無句讀文」的根本區別，就在於後者「純得文稱」，主要表現了「文字之不共性」，而前者「兼

134 章炳麟：《文學說例》，《新民叢報》第五、九、十五號。
135 章太炎：《論文學》，《國學講習會略說》，第47—49頁。

得辭稱」，主要表現了「文字、語言之共性」[136]。他說：「文字初興，本以代言為職，而其功用有勝於言者。蓋言語之用僅可成線，喻如空中鳥跡，甫見而形已逝，故一事一義得相聯貫者，言語司之。及夫萬類坌集，棼不可理，言語之用，有所不周，於是委之文字。文字之用，可以成面，故表譜、圖畫之術興焉。凡排比鋪張不可口說者，文字司之。及夫立體建形，向背同現，文字之用又有不周，於之委之儀象。儀象之用，可以成體，故鑄銅雕木之術興焉。」[137]這裡所說的「言語」，指口語。他指出：「文字本以代言，而其用則有獨至。凡無句讀之文，皆文字所專屬者也。文之代言者，必有興會神味；文之不代言者，則不必有興會神味。」[138]正是以這一分析作依據，章太炎分別給各種「有句讀文」及「無句讀文」提出了變革的標準。

關於「有句讀文」，章太炎指出：「凡有句讀文，以典章為最善，而學術科之疏證類亦往往附居其列，文皆質實而遠浮華，辭尚直截而無蘊藉。此于『無句讀文』最為鄰近。」然而，「魏晉以後，珍說叢興，文漸離質」，作史者即「不能為表譜書志」；中唐以後，降及北宋，「論鋒橫起，好為浮蕩、恣肆之辭，不惟其實」，學術科的「疏證」之學也日漸粗疏，以至文辭「日趨浮偽」[139]。怎樣改變這一狀況呢？章太炎提出：對於書、志說來，「必不容與表譜簿錄同其繁碎」，它的要領當在於「訓辭翔雅」；對於疏證說來，「必不容與表譜簿錄同其冗雜」，它的要領則在於「條列分明」。他並提出：「以典章科之

136　章太炎：《論文學》，《國學講習會略說》，第53頁。
137　章太炎：《論文學》，《國學講習會略說》，第46頁。
138　章太炎：《論文學》，《國學講習會略說》，第46頁。
139　章太炎：《論文學》，《國學講習會略說》，第53—54頁。

書志，學說科之疏證，施之于一切文辭，除小說外，凡敘事者，尚其直敘，不尚其比況。」[140]他以為，在「有句讀文」中，除去「有韻文」情況有所不同外，這一準則應當為所有各科共同遵循。「夫解文者，以典章、學說之法施之歷史、公牘，複以施之雜文，此所以安置妥帖也；不解文者，以小說之法施之雜文，複以施之歷史、公牘，此所以骩骳不安也。」[141]在這裡，他便將「質實」、「直截」、「訓辭翔雅」、「條列分明」的寫實主義，確定為「有句讀文」中全部「無韻文」所應追求的共同目標。

至於「有韻文」，章太炎認為情況不同，應當按照另外的標準加以要求。他說，「論辯之辭，綜持名理，久而愈出，不專以情文貴」，韻語則不然，「由其發揚意氣，故感慨之士擅焉」。正因為兩者有這樣的區別，詩歌便應當以抒發情性為重。「語曰：『在心為志，發言為詩。』此則吟詠情性，古今所同，而聲律調度異焉。」縱觀韻語發展的整個歷史，可以發現，當「其民自貴，感物以形於聲，餘怒未渫，雖文儒弱婦，皆能自致」時，當詩人「其氣可以抗浮雲，其誠可以比金石，終之上念國政，下悲小己」時，當詩賦能夠「頌善醜之德，泄哀樂之情，故溫雅以廣文，興渝以盡意」時，詩歌便能興盛，卓然有成；否則，即必然頹敗情弛。比如，中唐以後，「近體昌狂，篇句填委，凌雜史傳，不本情性」，詩賦便由是不競；到了清代，「考征之士，睹一器，說一事，則紀之五言，陳數首尾」，致使「歌詩失紀，未有如今日者」，更是明證。[142]韻文除去以抒發情性為靈魂外，

140　章太炎：《論文學》，《國學講習會略說》，第54—55頁。
141　章太炎：《論文學》，《國學講習會略說》，第56—57頁。
142　章太炎：《辨詩》，《國故論衡》卷中，第127—131頁。

表現形式又自有特徵。章太炎認為，韻文所重，不在直敘，而是比興，這就是所謂「韻文貴在形容」[143]。詩體由四言而五言、七言，代有變更，反映了不同時代聲律調度的差別。這一更迭是勢所必至，「數極而遷，雖才士弗能以為美」。據此，章太炎便將「本情性，限辭語」確定為發展詩歌創作所應遵循的主要原則，並斷言：「要之，本情性，限辭語，則詩盛；遠情性，喜雜書，則詩衰。」[144]從形式上看，詩歌創作所要求的似乎不是寫實主義，從實質上看，其實並不例外。本情性，是反映和抒發真實的志向與感情，它同樣「不得以興會神旨為上」，而必須堅持「修辭立誠其首」[145]，所以，這仍然要努力貫徹寫實主義。

於此可見，章太炎所宣導的「文學復古」，中心就是反對重形式、輕內容的舊習氣，反對雕琢、浮華、頹敗、陳腐的舊文風，而要求樹立形式與內容相統一的新風尚，樹立立誠、質樸、抒情、新鮮的新文風。他不僅要求狹義的文學領域必須這麼做，而且要求哲學、歷史、公牘、典章等等領域也必須這麼做，以便在各個文化領域進行一場全面的變革。

經過對歷代詩文的權衡比較，章太炎以為，魏晉古文及五言古詩最能適應「文學復古」的需要。他不僅大力鼓吹提倡，而且身體力行，在自己的創作實踐中努力加以貫徹。

以文而論，章太炎認為，漢代之文與唐、宋之文都不足為法，只

143　章太炎：《論文學》，《國學講習會略說》，第56頁。
144　章太炎：《辨詩》，《國故論衡》卷中，第131頁。
145　章太炎：《文學總略》，《國故論衡》卷中，第75頁。

有魏、晉之文，最值得作為楷模。他說：「夫雅而不核，近於誦數，漢人之短也。廉而不節，近於強鉗；肆而不制，近於流蕩；清而不根，近於草野；唐、宋之過也。有其利無其病者，莫若魏、晉。」[146] 魏、晉之文，長處在哪裡呢？章太炎寫道：「魏、晉之文，大體皆埤於漢，獨持論仿佛晚周。氣體雖異，要其守己有度，伐人有序，和理在中，孚尹旁達，可以為百世師矣。」他特別指出，師法魏、晉之文，必須以雄厚的學力為基礎，「依放典禮，辯其然非，非涉獵書記所能也；循實責虛，本隱之顯，非徒竄句遊心於有無同異之間也。效唐、宋之持論者，利其齒牙，效漢之持論者，多其記誦，斯已給矣。效魏、晉之持論者，上不徒守文，下不可釣人以口，必先預之以學」[147]。

就實踐而言，章太炎本人論政、述學、敘史的文字，確實處處表現了魏、晉風骨，處處突出顯示了他雄勁的學力。他曾自述：「余少已好文辭。本治小學，故慕退之造詞之則，為文奧衍不馴。非為慕古，亦欲使雅言故訓，複用於常文耳。……三十四歲以後，欲以清和流美自化，讀三國、兩晉文辭，以為至美。由是體裁初變。……魏、晉之文，儀容穆若，氣自卷舒，未有辭不逮意，窘於步伐之內者也。……秦、漢之高文典冊，至玄理則不能言，余既宗師法相，亦兼事魏、晉之文。……由此數事，中歲所作，既異少年之體，而清遠本之吳、魏，風骨兼存周、漢。」[148]這一段話大體符合事實。

146　章太炎：《論式》，《國故論衡》卷中，第122頁。
147　章太炎：《論式》，《國故論衡》卷中，第121—122頁。
148　章太炎：《自述學術次第》，手稿，第10—12頁。上海圖書館藏。

在詩歌創作方面，章太炎主張：「今宜取近體一切斷之。古詩斷自簡文以上。唐有陳、張、杜、李之徒，稍稍刪節其要，足以繼風、雅，盡正、變。」[149]他所宗法的，是魏、晉古詩。他本人的詩歌創作，實際地體現了他的這一主張。他自述：「余作詩獨為五言。五言者，摯仲治文章流別，本謂俳諧倡樂所施。然四言自風、雅以後，菁華既竭，惟五言猶可仿為。余亦專寫性情，略本鍾嶸之論，不能為時俗所為也。」[150]這一段話表明，章太炎努力使自己的詩歌創作實踐同他的詩歌理論統一起來。

就狹義的文學創作而言，詩歌代表了章太炎的主要文學創作活動。章太炎留下的詩作數量不多，但確實如他所說，他是在備嘗險阻艱難的過程中，「既壹鬱無與語，時假聲韻以寄悲憤」而寫出的，正因為如此，這些詩作，「采之夜誦，抑可以見世盛衰」[151]。

辛亥革命前，章太炎的韻文作品總共不過數十篇（首）。以五言為主，也有少量四言、七言。除去古體詩，他還寫了一批贊、頌、賦、銘、哀辭、祭文。

就內容言，這些韻文大體分作兩類：

一類，傾吐自己的苦悶與憤懣，抒寫自己的志向與胸懷。如《艾如張》、《董逃歌》、《雜感》、《臺北旅館書懷寄呈南海先生》、《西歸留別中東諸君子》，可以看作章太炎革命思想形成與發展的一份忠實

149　章太炎：《辨詩》，《國故論衡》卷中，第131頁。
150　章太炎：《自述學術次第》，手稿，第12頁。
151　章太炎：《韻文集自敘》，《太炎文錄初編》卷二，第86頁。

的歷史記錄；《獄中贈鄒容》、《獄中聞沈禹希見殺》、《絕命詞三首》等，激越昂揚，視死如歸，真實地表現了章太炎的英雄氣概與革命精神，成了辛亥革命準備時期膾炙人口的名篇。

　　另一類，則多為敘事，或揭露醜類，或痛剮癰疽，或讚頌志士，或憑弔英雄。前二種有《儒冠》、《安昌謠》、《梁園客》、《哀韓賦》、《哀山東賦》、《吊伊藤博文賦》等篇，後二種有《祭維新六賢文》、《沈藎哀辭》、《徐錫麟、陳伯平、馬宗漢、秋瑾哀辭》、《鵲案戶鳴》、《山陰徐君歌》、《安君頌》等篇。這些詩篇，明朗豁達，率直真切，具有強有力的煽動性與戰鬥性。「鷗餘乞食情無那，蠅矢陳庭氣尚驕。報國文章隆九鼎，小臣環玦系秋毫。」[152]梁鼎芬之流舞文弄墨進行政治投機的卑劣行徑被揭露得淋漓盡致。「初既躏吾田稼兮，後又處吾之宮。彼姬薑之窈窕兮，充下陳於憔悴。驅丁男以負擔兮，老弱轉於溝澮。」[153]這是對德國帝國主義侵略山東所造成的悲慘局面如實的描寫，也是對其他帝國主義侵略中國所造成的災難深沉的抗議。「中國既亡，幾三百年。哀此黎民，困不得伸。胡虜滔天，政日益專。山陰徐君，生當其辰。能執大義，以身救民。手殲虜酋，名聲遠聞。」對徐錫麟的事蹟的這番描述，如泣如訴，讀來平易，卻感人至深。這篇詩歌對徐錫麟擊斃恩銘的情景所作的描繪，更是令人驚心動魄：「仲夏講武，虜帥來觀，百僚追從，軍士萬人。艬艬我君，手持彈丸，射虜虜死，魂魄飛揚上天，騎士大呼，諸吏竄奔。攻武庫，突其門。天不悔禍，而軍實已殫，烏乎我君，遂喪其元，二士與偕，

152　西狩：《梁園客》，《清議報》第二十六冊。
153　章太炎：《哀山東賦》，《太炎文錄初編》卷二，第99—100頁。

惟馬伊陳。脆君心鬲，以享淫昏。心鬲躍起，直上棟間。胡鬼告言！
我腹已穿，不能喀飯，何用炮炙心肝？諸虜聞之，憂心燁燁。」[154]革
命志士勇猛搏擊的無畏氣概，躍然紙上。

很明顯，所有這些詩歌，都屬於近代革命文學的精華部分。它表
明了作者正和革命共命運，正深切地感受著革命的脈搏。

為了利用文學形式，擴大宣傳效果，使革命思想深入到下層民眾
之中，章太炎還用白話寫了《逐滿歌》等歌謠。比如，他在《逐滿
歌》中寫道：

> 滑頭最是康熙皇，一條鞭法是錢糧。
> 名為永遠不加賦，平餘火耗仍無數。
> 名為永遠免丁徭，各項當差著力敲。
> 開科誆騙讀書人，更要開捐騙貧民。
> ……
> 兄弟原是漢家種，不殺仇人不算勇。
> 莫聽康梁誆爾言，第一仇人在眼前。
> 光緒皇帝名載湉！[155]

這等於洋洋數萬言的《駁康有為論革命書》的一篇縮寫，通俗易
懂，當然就要不脛而走。辛亥革命前，許多革命黨人印了這首歌謠，
專門拿到新軍士兵、會黨群眾中去宣傳，原因也在於此。

154　章太炎：《山陰徐君歌》，《太炎文錄初編》卷二，第104—105頁。
155　章太炎：《逐滿歌》，《複報》第五號。

章太炎還關心譯詩。他曾積極協助蘇曼殊將拜倫的詩譯成漢文。蘇曼殊在給劉三的信中說：「前譯拜倫詩，恨不隨吾兄左右，得聆教益。今蒙末底居士為我改正，亦幸甚矣。」[156]曼殊以四言譯拜倫《贊大海》，以五言譯拜倫《去國行》、《哀希臘》、《答美人贈束髮、帶詩》，以七言譯《星耶峰耶俱無生》，文辭古奧，格調渾厚，明顯地留下了章太炎斧鑿的痕跡，也說明瞭蘇曼殊本人詩風受章太炎影響之深。特別是《贊大海》一詩第五章，整個為章太炎所譯，辭為：

赫如陽燧，神靈是鑒。
別風淮雨，上臨下監。
扶搖羊角，溶溶澹澹。
北極凝冰，赤道淫灩。
浩此地鏡，無裔無襟。
圓形在前，神光棄閃。
精魊變怪，出爾泥淰。
回流雲轉，氣易舒慘。
公之淫威，忽不可驗。[157]

錢基博評蘇曼殊「抗心希古，依於炳麟，沾溉所被，所譯遂稱高格，而後生睹其古體，相驚漢魏」[158]，這是符合實際的。

從這裡可看出，章太炎所宣導的「文學復古」，絕非無病呻吟，

156　蘇曼殊：《與劉三書》（己酉四月），《曼殊全集》第一冊，第223頁。
157　黃侃：《秋華室說詩》，《曼殊全集》第五集，第240—241頁。
158　錢基博：《現代中國文學史》，世界書局版，第101頁。

更非抱殘守闕，它正表現了中華民族所蘊藏著的力量，所鬱結著的反抗精神，希冀創造出能夠喊出人們同狂風惡浪搏鬥的心聲，能夠成為人們向舊世界沖決的利器的新的文學、新文風、新文體。

　　章太炎的「文學復古」，也有著嚴重的弱點。他注重廣義的文學全面的變革，卻忽略了狹義的或近代意義上的文學所必須注意的變革的特殊性。對於正在崛起的許多新的文學形式、文學作品，他沒有給予應有的重視。因之，對於近代意義上的文學與藝術究竟應當如何復興或發展，他缺乏專門的思考與創見。他同改良主義者政治上壁壘分明，這是他的一大優點，然而，他常常將政治上的這種對立直接延及學術領域，因而，對同時代的康有為、梁啟超、黃遵憲、譚嗣同以及他們的先驅龔自珍、魏源等人的文辭，評論時往往過分苛刻，不夠公允。對於他們所宣導的「詩界革命」、「小說革命」、「戲劇革命」等等，也有意識地保持了足夠的距離。最後，就他自身的創作實踐本身而言，他追慕魏、晉，格調高古，然而，這一形式畢竟不是文章自然演變的結果，很難簡單地從古代移植到近代來，加上他自己的詩文常常用字奧僻，過於艱深，結果，反而束縛了他自己，也妨礙了他所追慕的「文學復古」的實現。

昌明文庫·悅讀人物　A0603025

章太炎評傳　上冊

作　　　者	姜義華
版權策畫	李　鋒
發 行 人	陳滿銘
總 經 理	梁錦興
總 編 輯	陳滿銘
副總編輯	張晏瑞
編 輯 所	萬卷樓圖書股份有限公司
排　　　版	菩薩蠻數位文化有限公司
印　　　刷	百通科技股份有限公司
封面設計	菩薩蠻數位文化有限公司

出　　　版　昌明文化有限公司

桃園市龜山區中原街 32 號

電話 (02)23216565

發　　　行　萬卷樓圖書股份有限公司

臺北市羅斯福路二段 41 號 6 樓之 3

電話 (02)23216565

傳真 (02)23218698

電郵 SERVICE@WANJUAN.COM.TW

大陸經銷

廈門外圖臺灣書店有限公司

電郵 JKB188@188.COM

ISBN 978-986-496-127-6

2019 年 7 月初版二刷

2018 年 1 月初版一刷

定價：新臺幣 320 元

如何購買本書：

1. 劃撥購書，請透過以下郵政劃撥帳號：

　帳號：15624015

　戶名：萬卷樓圖書股份有限公司

2. 轉帳購書，請透過以下帳戶

　合作金庫銀行　古亭分行

　戶名：萬卷樓圖書股份有限公司

　帳號：0877717092596

3. 網路購書，請透過萬卷樓網站

　網址 WWW.WANJUAN.COM.TW

大量購書，請直接聯繫我們，將有專人為您

服務。客服：(02)23216565 分機 610

如有缺頁、破損或裝訂錯誤，請寄回更換

版權所有·翻印必究

Copyright©2016 by WanJuanLou Books CO.,

Ltd.All Right Reserved　**Printed in Taiwan**

國家圖書館出版品預行編目資料

章太炎評傳 / 姜義華著. -- 初版. -- 桃園市：

昌明文化出版；臺北市：萬卷樓發行,

2018.01

　冊；　公分. -- (昌明文庫)

ISBN 978-986-496-127-6(上冊：平裝). --

1.章炳麟 2.傳記

782.884　　　　　　　　　　　107001393

本著作物經廈門墨客知識產權代理有限公司代理，由百花洲文藝出版社授權萬卷樓圖
書股份有限公司出版、發行中文繁體字版版權。